国 家 文 物 局
主 编

中 国
重要考古发现

文物出版社
2018·4

图书在版编目(CIP)数据

2017中国重要考古发现 / 国家文物局主编. — 北京：
文物出版社，2018.4

ISBN 978-7-5010-5565-4

Ⅰ．①2… Ⅱ．①国… Ⅲ．①考古发现－中国－
2017 Ⅳ．①K87

中国版本图书馆CIP数据核字(2018)第049015号

2017中国重要考古发现

主　　编：国家文物局

责任编辑：戴　茜
　　　　　吴　然

英文翻译：莫润先

书籍设计：特木热

责任印制：梁秋卉

出版发行：文物出版社

社　　址：北京市东直门内北小街 2 号楼

邮　　编：100007

网　　址：http://www.wenwu.com

邮　　箱：web@wenwu.com

经　　销：新华书店

印　　刷：北京金彩印刷有限公司

开　　本：787×1092 1/16

印　　张：12

版　　次：2018 年 4 月第 1 版

印　　次：2018 年 4 月第 1 次印刷

书　　号：ISBN 978-7-5010-5565-4

定　　价：80.00 元

*State Administration of
Cultural Heritage*

MAJOR ARCHAEOLOGICAL
DISCOVERIES IN

Cultural Relics Press
Beijing 2018

协作单位

中国社会科学院考古研究所

河北省文物研究所

山西省考古研究所

沈阳市文物考古研究所

吉林省文物考古研究所

黑龙江省文物考古研究所

浙江省文物考古研究所

杭州市文物考古研究所

安徽省文物考古研究所

江西省文物考古研究院

山东大学考古与博物馆学系

青岛市文物保护考古研究所

河南省文物考古研究院

洛阳市文物考古研究院

湖北省文物考古研究所

湖南省文物考古研究所

广州市文物考古研究院

广西文物保护与考古研究所

四川省文物考古研究院

贵州省文物考古研究所

云南省文物考古研究所

陕西省考古研究院

甘肃省文物考古研究所

宁夏文物考古研究所

新疆文物考古研究所

目 录 CONTENTS

前 言 PREFACE

2017年，党的十九大胜利召开，全国人民欢欣鼓舞，倍感振奋。习近平总书记在报告中提出，要坚定文化自信，推动社会主义文化繁荣兴盛，加强文物保护利用和文化遗产保护传承，为我国优秀传统文化传承发展开辟了全新的历史机遇，也为文物工作指明了方向。2017年，文物工作者全面贯彻落实中央领导同志重要指示批示精神，攻坚克难，稳步推进各项工作。

广西隆安娅怀洞遗址是一处石器时代洞穴遗址。2015～2017年共发掘旧石器时代墓葬1座、用火遗迹2处，不仅清理出一具完整人类遗骸，发现距今16000年的稻属植硅体，还出土了大量石制品、动植物遗存等。此次发掘填补了广西史前文化缺环，对探讨岭南及东南亚地区更新世晚期人类行为及文化的多样性具有重要意义。

通天洞遗址位于新疆维吾尔自治区阿勒泰地区吉木乃县，遗址内发现了距今45000余年的旧石器时代中期向晚期过渡的文化层堆积。该遗址是新疆境内发现的第一个旧石器时代洞穴遗址，堆积序列清楚，年代跨度大，不仅填补了新疆史前洞穴考古的空白，也是中国旧石器时代考古的重大发现。

山东济南焦家遗址发现了大汶口文化遗存，包括夯土墙和壕沟、墓葬、房址、灰坑、陶窑等。墓葬表现出明显的社会分化现象，大型墓葬周围还发现有祭祀坑，这是首次在海岱地区发现大汶口文化大型墓葬和祭祀遗迹相结合的系统资料。房址排列较有规律，对研究焦家遗址的聚落变迁、功能分区和社会组织结构等意义重大。

湖北天门石家河遗址2014～2016年的考古工作，确认了遗址核心区域存在多重人工堆筑的大型城垣类遗迹，并对谭家岭、三房湾、印信台、严家山等遗址进行了重点发掘，新发现一批后石家河文化时期的玉器，为宏观认识石家河遗址的布局结构、聚落功能区化提供了重要线索，丰富了中华文明进程研究的内涵。

杨官寨遗址是关中地区仰韶文化中、晚期的一处特大型中心聚落遗址。2016～2017年在遗址东北部发现了一处大型史前墓地，并在墓地东区发掘墓葬211座，均为小型墓，初步判断年代为庙底沟文化时期，属国内首次确认的庙底沟文化大型墓地。

姚河塬遗址的发掘，首次在宁夏境内发现了"甲"字形大墓、铸铜作坊、卜骨等，表明此遗址可能是一处未见于文献记载的西周封国，对认识商周时期西北边陲的文化面貌和社会变迁具有重要价值。

　　秦汉栎阳城位于陕西省西安市阎良区，2013～2017年的发掘工作确认了遗址内的3座古城。其中，三号古城内存在多座秦最高等级的大型宫殿建筑，时代从战国中期延续至西汉前期，应为秦献公、孝公所都栎阳，并为汉长安城之前的汉初之都栎阳。

　　山东青岛土山屯墓群西汉中晚期至东汉时期的封土墓葬保存较好，形制特殊，且出土器物极为丰富，其中墨书玉印、玉席、温明及遣册、文书类简牍尤为重要，为研究鲁东南沿海地区葬俗、南北经济文化交流以及汉代政治制度等提供了新资料。

　　浙江永嘉坦头窑址为一处较为完整的唐代晚期瓯窑窑场，不仅发现有龙窑炉及丰富的作坊遗迹和祭祀遗迹，还出土了大量高质量的青瓷器和各种类型的窑具，对于瓯窑研究及整个唐代窑业管理制度的理解具有重要意义。

　　宝马城遗址位于长白山北坡，2017年的发掘揭露了外墙内回廊外东南侧的建筑基址、南门及外墙东南转角。自此，对城内主要建筑要素的发掘已大体完成。该遗址是中原地区以外首次通过考古发掘揭露的国家山祭遗存，其性质的确认对于探索中华文化多样性、多民族统一国家的形成与发展具有重要意义。

　　江口沉银遗址出水明清时期各类文物30000余件，以金、银、铜、铁等金属材质为主，其中包括大量张献忠大西国及明代皇室文物。遗址可确认为张献忠沉银地点，其形成或与文献中记载的大西军领袖张献忠和明代参将杨展的"江口之战"直接相关。

　　新的一年，全国文物系统将坚持以习近平新时代中国特色社会主义思想和党的十九大精神为统领，整体谋划文物事业改革发展，推动优秀传统文化传承发展，加强文物对外交流合作，不断提升文物领域国际传播能力。本书的整理出版，是对2017年考古成果的一次总结，以此回报长期关注和支持考古工作的广大读者。我们必将不忘初心，牢记使命，努力开创中国文物考古事业的新时代！

广西隆安
娅怀洞遗址

YAHUAIDONG CAVE-SITE IN LONG'AN COUNTY,
GUANGXI

娅怀洞遗址位于广西隆安县乔建镇博浪村博浪屯的一座孤山上，距隆安县城13公里。东南1公里是右江，附近有天然水塘，前面是平坦开阔地，自然环境优越。该遗址是一处石器时代洞穴遗址，总面积约110平方米，由前洞厅和内洞两部分组成。前洞厅为一高大的岩厦，长和宽均约10米，洞口朝西。内洞长约8、宽约3米。

2015年5月至2017年9月，广西文物保护与考古研究所对该遗址进行了连续考古发掘，同时对被扰乱部分的堆积进行了清理，发现旧石器时代墓葬和人骨，出土遗物标本上万件。

发掘分为A、B、C、D四个区，揭露面积约50平方米。采用1米×1米探方布控下挖，在自然堆积层内以5厘米为一水平层由上往下逐层揭露，不仅采用全站仪对出土遗物进行三维坐标定位，还对清理出来的土用筛选法和浮选法进行处理，最大限度地收集各类遗物。此外，航拍、三维建模等技术也应用到此次发掘中。

A区发掘面积约12平方米，深7.5米，均为旧石器时代堆积，共55层。其中第①～⑧层为文化层，出土打制石制品和水、陆生动

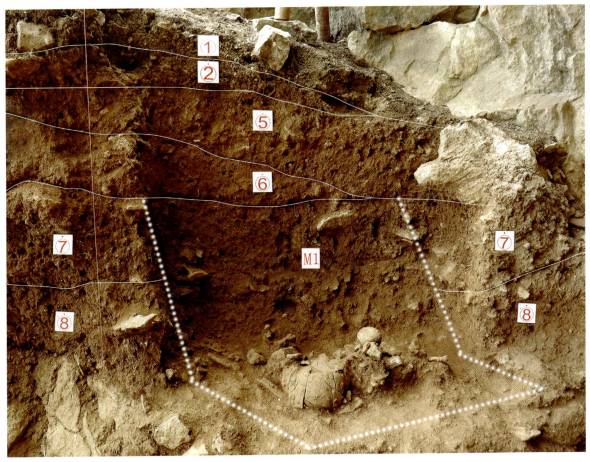

M1及B区北壁地层剖面
Tomb M1 and stratigraphical section of the northern wall of Area B

物遗存及植物遗存；第⑧层以下只出土动植物遗存。

　　B区发掘面积16平方米，深4.2米（未挖到基岩），堆积共24层，各层都出土有器物，其中第③、④层属于新石器时代，第④层以下属于旧石器时代。本区发现墓葬和用火遗迹，出土大量打制石制品，少量磨制石器、骨器、陶片以及大量动植物遗存。

　　C区发掘面积6平方米，深1.2米（未挖到基岩），属于旧石器时代堆积，共11层，其中第①～⑦层为文化层，第⑦层以下只出土动植物遗存。本区发现用火遗迹，出土打制石制品和动植物遗存。

　　D区发掘面积16平方米，深1米（未挖到基岩），堆积共5层，其中第①、②层为近现代文化层，第③～⑤层为新石器时代文化层。本

区出土大量石制品、少量陶片以及大量动植物遗存。

　　本次发掘清理旧石器时代墓葬一座，出土一具人类遗骸。墓葬位于B区北部（T1106和T1206），大部分伸入发掘区（B区）北壁。从揭露的部分看，墓葬开口于第⑥层下，打破第⑦、⑧层。墓坑平面呈长方形。墓内保留有较多人骨，包括头骨、下颌骨以及部分体骨。头骨出土时已破裂为多块，经复原后基本完整。经^{14}C测年，墓葬的年代为距今16000多年。

　　在旧石器时代地层发现两处用火遗迹。其中一处位于C区洞厅中后部扰土层下，范围较大，约3米×4米，厚约0.1米，灰土中发现有包括玻璃陨石原料在内的各种石制品、烧骨等遗物。另一处位于B区第㉑层，范围为0.4米×0.9米，最厚近0.1米，其内发现炭碎、烧骨和石制品。

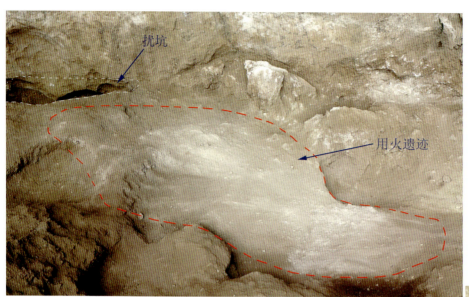

用火遗迹
Traces of fire-using

扰坑

用火遗迹

T1106
Excavation-grid T1106

T1106

T1006

在B区发现距今16000年的稻属（Oryza）植物特有的植硅体；此外，在B区和C区还发现距今35000～28000年的疑似稻属植物植硅体。

出土遗物丰富，包括大量石制品以及少量蚌器、骨器和陶片，此外，还出土了大量水、陆生动物遗骸及植物等种类丰富的自然遗存。

石制品是此次出土的主要遗物，数量在10000件以上，包括打制石器和磨制石器，其中打制石器占绝大多数。原料有石英岩、燧石、玻璃陨石、水晶等。打制石器以石片石器为主，部分石片有使用痕迹，器形细小，多数标本为2～5厘米。分为砍砸器、刮削器、尖状器、切割器等，其中刮削器的数量最多。磨制石器数量较少，包括石锛、石斧、石铲、方形磨石和穿孔石器。陶片破碎，难辨器形，分夹砂绳纹陶和素面陶两种。蚌器打制而成，只有蚌刀一种。骨器仅见骨锥。动物遗存包括数以万计的水、陆生动物骨骼，其中通过筛选和浮选后获得的小动物遗存占了很大一部分。

遗址的年代初步推断为距今44000～4000年。依据地层的叠压关系、出土遗物特征以及现有的测年结果，文化遗存大致可以分为四期。第一期为旧石器时代。石制品均为打制，未发现穿孔石器和蚌器，年代距今44000～30000年。第二期为旧石器时代。石制品均为打制，出现打制的穿孔石器、琢打而成的方形石器和蚌器，年代距今25000～20000年。第三期为旧石器时代。石制品和第二期基本一样，没有发生明显变化，但蚌器数量增多，年代距今16000年。第四期为新石器时代。除打制石器外，新出现磨制石器、方形研磨器和陶片，年代距今5000～4000年。

娅怀洞遗址堆积深厚，文化内涵丰富，遗物众多，延续时间长，包含了新、旧石器时代不同时期的文化遗存，且以1万年前的文化遗存为主。出土的文化遗物绝大多数为旧石器时代细小的打制石制品，石器总体上属于石片石器工业系统，这与岭南地区以往发现的打制石器属于砾石石器工业形成鲜明对照，应属于岭南地区旧石器时代晚期文化中一种新的类型。这对于研究岭南及东南亚地区更新世晚期人类行为及文化的多样性具有非常重要的意义。云南右江流域内曾发现丰富的史前文化遗存，但旧石器时代除了早期文化特征明显、年代比较清楚外，中晚期文化一直存在缺环。而娅怀洞遗址出土大量具有确切层位、年代距今44000～10000多年的文化遗存填补了这一缺

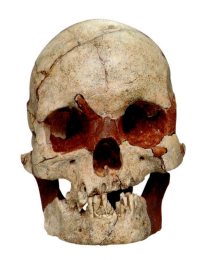

人头骨化石
Human skull fossil

环，进一步完善了广西史前文化序列。旧石器时代晚期的墓葬及人类化石在我国发现很少，而且多缺乏确切年代。娅怀洞遗址发现的墓葬是继山顶洞人墓葬后在我国发现的第二处旧石器时代的墓葬。墓葬中的人骨经专家鉴定同属于一个个体，这是岭南地区迄今为止发现的唯一一具有确切地层层位和可靠测年的完整人类头骨及体骨化石，对于研究更新世晚期的早期现代人群的多样性、人群的迁徙与交流以及旧石器时代晚期人类的埋葬习俗具有极高的学术价值。大量考古证据揭示，栽培稻的驯化和稻作农业的起源起始于距今约10000年。娅怀洞遗址发现的距今16000年的稻属植物植硅体为研究古代人类利用野生稻的历史提供了实物资料，同时也为探索栽培稻的驯化过程提供了新的线索和思路。广西是连接东亚、东南亚的重要通道和两地史前文化交流、传播的走廊。考古发现表明，至晚到旧石器时代晚期，以砾石石器工业为传统的中国南方地区已经出现了以细小石器组合为特征的石片石器工业。细小石器组合在东南亚大陆旧石器遗址中也有发现。娅怀洞遗址出土的细小石器不仅为研究旧石器时代晚期中国南北方文化的关系增添了新的资料，而且该遗址几万年连续的地层堆积及丰富的文化遗存将成为研究华南及东南亚地区此类遗存的重要标尺。

（供稿：谢光茂　余明辉　卢杰英）

稻属植硅体
Siliceous rice grains

石制品（第一期）
Stone implements (Phase I)

玻璃陨石制品（第二期）
Glassy aerolite artifacts (Phase II)

水晶制品（第二期）
Crystal artifacts (Phase II)

燧石制品（第二期）
Flint artifacts (Phase II)

刮削器（第二期）
Scrapers (Phase II)

尖状器（第二期）
Points (Phase II)

穿孔石器（第三期）
Perforated stone tools
(Phase Ⅲ)

蚌器（第三期）
Shell implements (Phase Ⅲ)

磨制石器（第四期）
Polished stone tools
(Phase Ⅳ)

陶片（第四期）
Potsherds (Phase Ⅳ)

骨器（左：第四期；右：第三期）
Bone implements (left: Phase Ⅳ;
right: Phase Ⅲ)

The Yahuaidong Site is located at Bolang Village of Qiaojian Town in Long'an County, Guangxi Province. It is a Neolithic cave-site and measures about 110 sq m in total. From May 2015 to September 2017, the Guangxi Provincial Institute of Cultural Relics Administration and Archaeological Research carried out excavation on the site. The work covered an area of ca. 50 sq m, reached to a depth of 7.5m and brought to light cultural accumulations that measure about five meters in thickness and mostly belong to the Paleolithic Age. Among the clarified vestiges is a Paleolithic tomb with a complete human skeleton, and two spots of Paleolithic traces of fire-using were brought to light. The other finds include a large number of stone artifacts, some shell and bone implements and pottery shards, as well as lots of aquatic and terrestrial natural animal and plant remains. Chronologically the site can be preliminarily dated to 44,000 to 4,000 BP. The present excavation filled up gapes in the prehistoric culture of Guangxi and has great importance for researching the human behavior and cultural multiplicity of the Lingnan Region and Southeast Asia in the late stage of the late Pleistocene Epoch.

新疆吉木乃通天洞遗址
2016～2017年发掘收获

ACHIEVEMENTS IN THE 2016 TO 2017 EXCAVATION ON THE TONGTIANDONG CAVE-SITE IN JIMUNAI COUNTY, XINJIANG

通天洞遗址位于新疆维吾尔自治区阿勒泰地区吉木乃县托斯特乡阔依塔斯村东北，地处北疆阿勒泰地区的西南部、准噶尔盆地北缘、额尔齐斯河南岸、萨吾尔山的北麓。地理坐标为北纬47°10′45.90″，东经86°08′11.30″，海拔1810米。遗址周围有多处不同时期的古代遗存，如萨尔阔拉墓群、克孜勒吐育克墓群、森塔斯石人墓、松树沟阔克拉萨墓群、库热萨拉山顶墓群以及克孜勒阔拉岩画等。

为探明遗址的规模和性质，2016～2017年，新疆文物考古研究所与北京大学考古文博学院联合，对通天洞遗址进行了考古发掘。分两个发掘区，发掘面积合计65平方米，发现了距今45000多年的旧石器时代中期向晚期过渡的文化层堆积，出土石器、铜器、铁器和动物化石等。

遗址有3处大小不一的洞穴，近"品"字形分布。左下洞穴最大，长22.5、进深16.6、高5.8米，进入洞穴约2米处，洞穴与山顶上下相通，通天洞由此得名。因洞穴曾经作为牲畜棚圈使用，洞内地表牛羊粪便堆积很厚，并有较多灰烬。洞穴靠东内壁有3个小洞穴，北侧洞口曾用土坯封砌，可能与棚圈有关；内壁南侧上部小洞穴，通到山坡右上方；左边较小洞穴，几乎被土填满，洞口有面积约10平方米的堆积，采集到石杵残件及手制夹砂灰陶、红陶片，陶片除素面者外，也可见由刻划纹、剔刺纹构成的折线纹等纹饰。这些陶片及纹饰与切木尔切克文化墓葬出土的陶器形制、纹饰基本一致。

在洞穴内外各布5米×5米探方1个。洞穴内地表牛羊粪便堆积较厚，清理完毕后，布探方

T1515。发掘情况表明，此处早期铁器时代至青铜时代文化层堆积较薄，西面出现了较纯净的黄沙层，再下为碎岩石堆积，碎岩石堆积层清理完后发现了较多石器和动物化石。对其中4平方米的范围进行了试掘，初步确定了石制品的性质和时代。

洞穴外的探方T0505发掘中发现了较多的陶片和石磨盘以及反复用火的遗迹，并发现有石块堆垒的遗迹。此外，还在通天洞外发掘1米×2米小型探沟1条、小型石板墓1座，但均未发现文化遗物。发掘过程中，详细记录各出土标本的信息，对测年样本、浮选样本、土壤微型态样本以及ＤＮＡ土壤样本等也做了专门的提取工作，对文化层所有土样都进行了筛选。此外还邀请中国科学院遥感与数字地球研究所协助对遗址发掘区域、洞穴前面及周边进行了电法物探和探地雷达勘探，对遗址的深度、环境、可能存在的其他遗存都有了一定的判断。

两年的发掘表明，通天洞遗址洞穴堆积较厚，发掘区最深处距地表约3米，已发掘部分划分为14个地层，分为4组。第①、②A层分别为早期铁器时代和青铜时代地层；第②B层为上部文化层，出土有很少量的具有细石器技术特点的石制品；第③～⑤层为自然堆积的粗砂和花岗岩角砾层，不见文化遗物；第⑥～⑨层为旧石器时代文化层，出土有大量石制品和动物骨骼化石，并有原位埋藏的火塘等明确的遗迹现象；第⑩层及以下为自然沉积的黄沙和花岗岩角砾层，尚未见底。

早期铁器和青铜时代地层中发现的遗物包括陶器、铜器、铁器、石磨盘等，主要属于阿凡纳谢沃文化和卡拉苏克文化。在T0505探方内还发现有围绕洞口的石围墙等遗迹，石围墙外则有直径约1.2米的灰坑。T0505内早期铁器和青铜时代地层堆积经浮选得到了炭化的小麦（Triticum aestivum L），对其进行^{14}C测年所得年代为距今5000～3500年（校正值）。表明通天洞遗址有可能是新疆目前最早的铜石并用时代遗址之一，并且从青铜到早期铁器时代反复使用。遗址中发现的小麦，应为目前所见最早，但相关问题还需要今后进一步详细的考古发掘研究来印证，即便如此，也至少说明这里很早就出现了小麦，极有可能存在一条小麦传播的通道。

旧石器文化层中出土遗物2000余件，其中石制品约占2/3，动物骨骼化石约占1/3。此外还筛选出细小的动物化石及石制品标本万余件，以动

通天洞遗址俯视图
A vertical view of the Tongtiandong Site

T1515地层剖面
Stratigraphical section of Excavation-grid T1515

物化石尤其是小型动物化石为主。石制品种类丰富，包括勒瓦娄哇石核、盘状石核、勒瓦娄哇尖状器、各类刮削器与莫斯特尖状器等典型的勒瓦娄哇—莫斯特文化的石制品。总体显示出较明显的旧大陆西侧旧石器时代中期文化特征，在国内同时期遗址中十分独特，填补了中国典型旧石器

时代中期莫斯特文化类型的空白。动物骨骼破碎程度较高，有明显的切割、灼烧、敲击等痕迹，可鉴定种属包括食肉类、兔类、羊、驴、犀牛、棕熊以及鸟类等大量小动物骨骼，为探讨这一时期人类对动物资源的利用方式和遗址环境变迁提供了资料。

旧石器文化层中还发现了原位埋藏的3个灰堆，呈较规整边界清晰的圆形，直径0.5～0.7米。灰烬堆积以及数量众多的石制品与动物化石遗存表明，通天洞遗址为当时古人类生活居住之所。经对动物化石的 ^{14}C 测定，旧石器时代的文化层堆积的年代约为距今4.5万年。

通天洞遗址是新疆境内发现的第一个旧石器时代洞穴遗址，同时也首次提供了本地区旧石器时代—铜石并用时代—青铜时代—早期铁器时代的连续地层剖面。遗址堆积序列清楚，年代跨度大，不仅填补了新疆史前洞穴考古的空白，也是中国旧石器考古的重大发现。通天洞遗址对了解新疆地区四万多年以来古人类演化发展过程、确立区域文化发展的编年框架具有重要意义。

通天洞遗址出土的典型莫斯特文化遗存在中国目前只发现于少数几个遗址，主要分布在中国西北及北方的北部地区。这类遗存在俄罗斯西伯利亚、蒙古等地却有较多的研究和发现。通天洞遗址所在的新疆阿勒泰地区位于亚洲腹地，四周分别与黄河流域为中心的中原地区、欧亚大陆北方大草原、中亚东欧等地区为邻，该遗址特殊的地理位置和出土的典型莫斯特文化遗存为进一步探讨更新世亚欧大陆东西两侧史前时期人群的迁徙、交流、扩散等问题提供了重要的线索，在探讨古人类适应方式、生计行为、石料来源、古环境变迁、年代学等方面都具有重要的学术价值。

（供稿：于建军）

探沟
Excavation trench

M1
Tomb M1

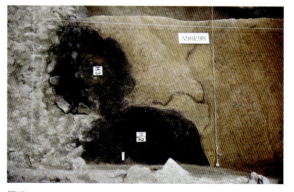

灰堆
Ash piles

石磨盘
Stone quern

铁器、铜器
Iron and bronze implements

炭化小麦、植物
Carbonized wheat and other plants grains

The Tongtiandong Site is located to the southeast of Kuoyitasi Village at Tosite Township in Jimunai County, Altai area, Xinjiang Uygur Autonomous Region. In 2016 to 2017, the Xinjiang Institute of Cultural Relics and Archaeology and the Archaeological and Museological Institute of Peking University carried out there a joint archaeological excavation. The work covered an area of 65 sq m and revealed cultural accumulations that date from more than 45 millenniums and reflect the transition from the mid to the late stages of the Paleolithic Age. The unearthed relics are mainly stone implements and animal fossils, while bronze and iron artifacts were seen occasionally. This site is so far the first Paleolithic cave-site discovered in Xinjiang. Featuring clarity in accumulating order and width in chorological coverage, the unearthed material data not only filled up a blank in prehistoric Xinjiang cave-site archaeology, but also brought about a great discovery in the Paleolithic archaeology of China. Moreover, the discoveries have important significance for understanding the paleoanthropological evolutionary course in Xinjiang, as well as for establishing the chronological flame of cultural development in this region.

11

湖北沙洋
城河新石器时代遗址

NEOLITHIC CHENGHE SITE IN SHAYANG COUNTY, HUBEI PROVINCE

城河遗址位于湖北省荆门市后港镇，地处汉江西岸，长湖北岸，南距荆州古城约40公里，北距荆门市50公里，东北距沙洋县城20公里，东南距汉宜公路3公里。城河及其支流分别从遗址的西、南及东侧流经，于遗址东南方汇合。

遗址最初发现于1983年，被命名为"草家湾遗址"，同时根据采集到的陶片认定其为新石器时代遗址。2016年10月，荆门市文物考古研究所对遗址进行了复查，认为该遗址可能为屈家岭

文化至石家河文化时期的城址，面积约70万平方米，并将遗址更名为"城河遗址"。目前遗址为第七批全国重点文物保护单位和第五批湖北省文物保护单位。

2012年11月，为探索长江中游地区史前城址，尤其是中等规模城址的聚落布局和社会结构，经国家文物局、湖北省文物局批准，中国社会科学院考古研究所、湖北省文物考古研究所、荆门市博物馆、沙洋县文物管理所联合对城河遗址进行了首次发掘，并于2013年9月至2016年1月分别进行了系统勘探和第二、三次发掘，确认该遗址为屈家岭文化晚期至石家河文化早期的城址，并对遗址的文化内涵以及垣、壕结构进行了有效探索。2016年4月至2017年1月、2017年8～12月，为进一步探索城内中部台地和遗址西北区域的功能特征，联合考古队对城河遗址进行了第四、五次发掘，两次发掘面积共约1600平方米，发现灰坑、灰沟、瓮棺葬、红烧土堆积、房址、黄土台等多处遗迹，出土了大量石器、陶器等。

发掘和勘探显示，城垣完整分布于遗址的西、南两侧，北部"分段"设筑城垣，其余部分和遗址东部则利用自然岗地。多处解剖地点确认城垣始建于屈家岭文化晚期，沿用至石家河文化早期，且为平地堆建，可见最大宽度39米，最大残存高度4.8米。遗址外侧有完备的壕沟环绕，宽19～61、深2.3～6米。城垣东南、西北以及北部中段设立有水门设施，外部水资源从西北、北部两处水门进入城内，又分别从西、东两水道汇集于东南水门，进而借助人工通沟排至城外的自

西侧建筑
Western building

然河流。城垣内坡边缘部分挖建有宽0.5、深0.6米的窄渠，与内河沟通，以利于墙体排水。

在遗址中部台地发现屈家岭文化时期的大型建筑，由于后期多次扰建，仅见基槽，未见墙体。从地层关系和出土器物组合来看，该建筑年代当属屈家岭文化晚期。

建筑整体布局呈"凹"字结构，略偏西北—东南向，在东、西两侧各有一组建筑，二者对称，中间以墙体相连。整个建筑南北墙基残长约27、东西墙基残宽约28米，面积近800平方米。东侧仅局部可见基槽，形制、结构不明。西侧建筑墙基布局相对清晰，为排房，南北长27、东西

宽约8米，总面积约200平方米。该组建筑由5间房屋组成，从地层关系和基槽的连贯现象分析，这些房屋应是一次性建成。此外，在部分墙基中心和内侧，可见成组分布的柱洞，大小有别，应与墙体加固和承重有关。一些房屋内侧还有短墙分布，或是起到空间分隔或承重的作用。从平面来看，基槽表面保存宽度不等。利用现代沟渠对西侧建筑的解剖显示，基槽底部宽约0.8、顶部保存宽度约1.2米。其建筑过程应是先填埋坑洼处，然后挖"倒梯形"槽再填实。西侧建筑的西、北侧分布有L状红烧土带，北侧外围亦有与建筑北墙走向一致的灰沟，可能与建筑使用时期

东侧建筑西南角
Southwestern corner of the eastern building

西侧建筑西北角
Northwestern corner of the western building

西侧建筑北墙基局部
Part of the northern wall-foundations of the western building

东南区域黑灰土带出土器物(北—南)
Objects unearthed from the blackish-gray earthen-belt in the southeastern area (N-S)

的排水设施有关。东、西两组建筑之间分布有大面积的红烧土堆积，其上有多处黑灰土活动面，或与建筑使用时期的活动有关。

大型建筑外侧东南区域，则分布中小型房屋。这些小型房屋有挖槽修建和红烧土铺垫两种，面积约10平方米，与之前发现的大型建筑形成明显对比。在东南区域可能举行过以四耳器、筒形器和黄土台为物质组合的仪式性活动，也组织过必要的陶器生产活动，可见陶窑、筒形器残件等遗存。

2017年度的发掘过程中，新发现了黄土台与黑灰土共存的迹象。从堆筑方式来看，黄土台底部以红烧土、普通黏土为铺垫，上部以相对纯净的黄白黏土为材料。从地层关系来看，黑灰土呈东西向带状多层分布，位于黄土台外坡下端，且与黄土台的走向基本一致，并出土大量基本完整的陶甑。结合长江中游地区已有的发掘案例，我们初步认为黄土台、黑灰土可能与某种仪式性活动有关。

此外，在西侧建筑疑似"排水设施"北侧分布有一条东西向红烧土带，再往北则存在大面积、密集的陶片堆积。该堆积南高北低，多为碎片，器类有缸、罐、碗、豆、甑等。根据观察和统计，缸、罐等器类占据多数，并出土极少量的纺轮、建筑材料等。从地层关系和保存状况来看，此处陶器堆积应为废弃遗存，可能与大型建筑的使用和废弃有关。

同时，结合已有的地层信息来看，该区域早期地貌并非平坦，而是呈西高东低之势。城河先民搬运红烧土对其进行平整之后，再在上面修建大型建筑。早期的大型建筑在倒塌废弃之后，其上又进行了平垫、修筑活动，形成了活动面并修建了较小的房屋。

与聚落布局探索有关，联合考古队在城址西北区域发现大量的灰坑、灰沟、房址等遗存。从遗物特征和房址规模来看，该区域应是屈家岭晚期、石家河早期一般性的居住场所。

城河遗址大型建筑的发现，为了解屈家岭文化晚期的建筑空间和筑造工艺提供了重要资料，也为建筑外围附属遗迹的探索以及城河先民的社会结构和行为方式的研究提供了契机。

通过发掘，我们对遗址中部台地大型建筑及其周边区域有了更为清晰的认识，同时对于西北高地的探索为我们深入了解城内进水区域的内涵和聚落特征提供了线索。城河遗址的考古发掘，为分析长江中游地区史前城址的聚落布局、区域特征，以及中等规模城址在区域文明化进程中的地位（尤其与超大型聚落之间的关系和聚落模式差异）等重要学术问题提供了信息支撑。

（供稿：彭小军　范晓佩　陶洋　唐国俊）

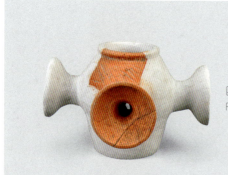

四耳器
Four-holed vessel

筒形器
Cylindrical vessel

东南区域黄土台及黑灰土带(西—东)
Loess platform and blackish—gray earthen belt
in the southeastern area (W—E)

H88
Ash—pit H88

西侧建筑北侧陶片堆积
Potshard pile on the northern side of the western building

The Chenghe Site is located at Hougang Town in Jingmen City, Hubei Province. From April 2016 to January 2017 and from August to December 2017, the Institute of Archaeology, CASS with other institutions carried out the fourth and fifth excavations, which covered an area of ca. 1,600 sq m in total. The work revealed ash-pits, ash-trenches, urn-burials, burnt-earth accumulations, house-foundations, a loess platform and other vestiges, and brought to light a large number of stone implements, pottery vessels and other cultural relics. On the terrace in the center of the site, excavation revealed a large-sized 凹-shaped building-foundation of the late Qujialing Culture. These discoveries provided important material data for understanding the building space and technology in the late phase of the Qujialing Culture and enriched information on the settlement layout of prehistoric cities in the middle valley of the Yangtze River.

黑龙江饶河
小南山遗址

XIAONANSHAN SITE IN RAOHE COUNTY, HEILONGJIANG PROVINCE

小南山遗址位于黑龙江省饶河县乌苏里江岸边，从20世纪50年代开始，在小南山上陆续发现一些重要的史前遗物，1991年曾发现随葬有大量玉器的墓葬。为深入了解小南山遗址的文化内涵，2015～2017年，黑龙江省文物考古研究所、饶河县文物管理所对该遗址进行了考古发掘。

本次考古发掘区域位于小南山遗址东坡中部伸向乌苏里江的小山脊上，揭露面积1050平方米，发现玉器、石器和陶器等各类器物2000余件。根据层位关系和文化特征，初步划分出早、中、晚三个时期的文化遗存。

早期遗存是本次发掘最主要的收获，为遗址第③层及其下的墓葬，共清理墓葬41座。已发掘的墓葬分布在山脊上，在长50、宽15米的范围内最为集中，物探结果显示在沿山脊向更高处延伸的未发掘区域仍有墓葬分布。墓葬形制突出特点是上封积石，下凿基岩，火烧毁器。封石由不规则的石块堆积而成，多为一层，保存完整者呈圆形，但圆形范围内的石块大小分布有差别，在东南角多集中有数块较大的石块，其他位置石块相对小一些。M38直径3.3米，由15～50厘米的石块堆铺而成，石堆东南部的大石块集中呈东北—西南方向分布。在山脊上墓葬分布的密集区域，封石彼此相连，但是亦能大致看出每座墓葬呈东北—西南方向分布的长条形封石堆，例如在T520、T495内分布的M37和M30，在从M33向北沿山脊分布的M29和M26等墓葬也有类似的情况，在M33以南的M15的长条形封石堆则更为明

显。封石堆下的墓圹多为长方形，但大小不一、规整有别，多为东北—西南向。其中规模最大的M2，长2.5、宽2.3、深1米，全部凿于基岩之下，尤其东南圹壁因就基岩节理而显得非常规整，墓葬填土中有大量烧土和炭粒，是在下葬时火烧所致。墓圹底部发现玉器10件、石器以及碎骨渣。M23平面呈长方形，长2.15、宽1.8、深0.8米，墓葬底部发现玉环2件，其中一件由两部分穿孔缀合而成，还有箭杆整直器一对以及石刀和陶罐等。有的墓圹较小，M30平面为边长1米的圆角方形，亦呈东北—西南向，墓圹内出土细石核、石片和两面修理的石刀和矛头等。

墓葬随葬器物以玉器和石器为主，还有部分陶器，这些器物出自封石堆中或底部，也有的出自墓坑中。一些石器和玉器有被故意折断的现象，说明存在毁器习俗。因埋藏条件原因没有发现骨器，人骨保存不佳。玉器共发现74件，类型有璧、珠、环、斧、管、匕形器和弯条形器等。经便携式X荧光光谱仪和拉曼光谱等手段检查，其材质主要为透闪石和蛇纹石，属于我们传统认识的"软玉"。一部分玉器表面有凸凹不平的圆弧形痕迹，这是砂绳切割的明显特征。石器出土数量较多，有打制的细石核、石片、石叶、矛头、刀、镞和刮削器等，磨制的有砺石、箭杆整直器、镞、锛、斧、凿和穿孔筒形器等。可复原的陶器数量不多，仅有3件陶罐和5件陶杯，但是发现了较多的陶片，这些陶器夹细砂，表面呈黄褐色，内部呈黑色，下腹为素面，全部为平底

器，在外表面口沿下部施有呈条带的戳印栉齿纹，口沿微侈加厚。在M27积石堆底部发现的陶罐，腹径17、高16.5厘米。根据墓葬中的碳获得3个^{14}C测年数据，分别是距今7890±30年、距今8020±30年和距今8150±30年，经校正后为距今9135～8595年。

中期遗存出自遗址的第②层，发现的数量不多，主要为一些陶片，但表面纹饰丰富，为以细密栉齿纹为底再加划纹的组合，石器有压制的三角形凹底镞，总体特征与俄罗斯的沃兹涅谢诺夫卡文化的特征较为相似，推测为新石器时代晚期。

晚期遗存仅以发现的唯——座半地穴房址为代表，出土的口沿施刻划折线纹的陶壶残片，近年在俄罗斯滨海地区东北部也有类似发现，其^{14}C测年显示年代约为公元前9世纪。

自1972年发现和发掘新开流遗址以来的40余年中，在三江平原地区再未发掘过任何新石器时代遗址。而在与之相邻的俄罗斯境内的新石器考古却有较大的发展，考古学文化序列已经初步建立，但是仍存在一定的缺环。尤其是最早的奥西波夫卡文化与孔东文化（最新的认识是孔东文化的时代大体相当于新开流文化）之间的大约距今10000～8000年的文化遗存发现的非常少，近些年在苏丘岛上和孔东村附近虽有一些发现，但材料还非常单薄。此次在小南山遗址发现的早期遗存，在陶器和石器反映的文化面貌上恰可衔接奥西波夫卡文化和孔东文化之间的空缺，测年结果亦与后者非常吻合，代表了三江平原地区早于新开流文化的一支新的考古学文化，或可命名为"小南山文化"。

以往在三江平原发现的新石器晚期和青铜时代的文化遗存较少。此次发现的小南山中期遗存是沃兹涅谢诺夫卡文化分布区最南的一处，也是目前在我国境内发掘的唯——处遗址。以此为始，随着将来中国境内考古工作的深入，乌苏里江与黑龙江下游地区的新石器时代晚期文化的研究定会有新的进展。黑龙江东部地区的青铜时代考古学文化的研究最为薄弱，此次对小南山晚期遗存的考古工作主要是对小南山遗址以往发现的"地表坑"进行的试探性发掘。目前在小南山上可见明显的"地表坑"10余处，推测应属于同类性质，这类遗存在小南山遗址以南约150公里的俄罗斯滨海边疆区的东北部也有少量发现，它们共同代表了一支新的考古学文化。

M38上的封石堆（南—北）
Stone mound on Tomb M38 (S–N)

M30和M37的封石堆（北—南）
Stone mounds on Tombs M30 and M37 (N–S)

M15的封石堆（南—北）
Stone mound on Tomb M15 (S–N)

小南山遗址的一个突出特点是埋藏有大量的玉器，此次发掘的位置距离小南山最高点即1991年发现墓葬的地点直线距离约450米。此次发掘出土的玉器与1991年墓葬发现的玉器相比存在较大差别，例如此次出土的玉器中有大量玉璧和玉珠，还有玉管、匕形器、弯条形器和玉环等，没有发现玉玦、玉簪和斜刃器。从类型上看却与兴隆洼—查海文化发现的玉器具有很多相似之处，这与陶器、石器以及^{14}C测年结果一致。综合来看，此次发掘的小南山早期遗存的玉器应是目前在中国发现的最早的玉器之一，对研究玉器的起源和扩散提供了新的基点。

小南山遗址的地层堆积和墓葬形制具有多石块的特点，对考古钻探和发掘提出了很多的挑战。在本次发掘过程中对所有的出土器物进行三维坐标的记录，对所有发掘的层面和遗迹单位进行三维模型的建立。通过此次发掘，对乌苏里江地区的史前遗址中由不规则石块组成的积土封石墓的识别和发掘总结出一些规律，为今后该地区开展此类遗存的田野考古调查和发掘工作积累了经验。

（供稿：李有骞）

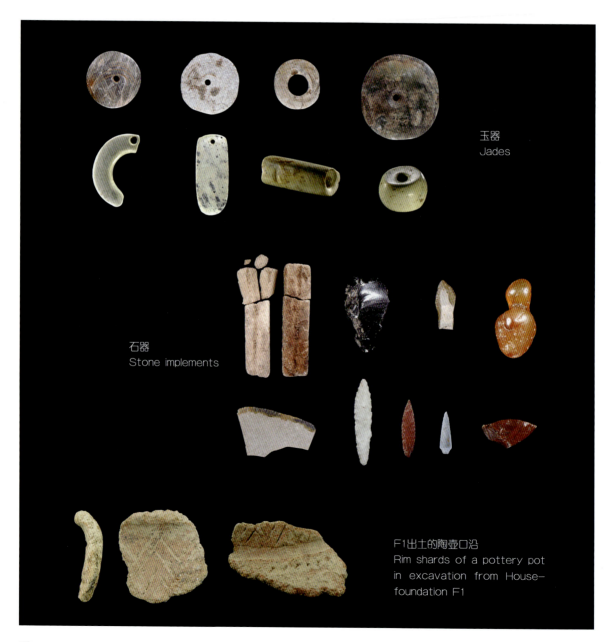

玉器
Jades

石器
Stone implements

F1出土的陶壶口沿
Rim shards of a pottery pot in excavation from House-foundation F1

M2

Tomb M2

M30的墓扩及器物出土情况

Burial pit of Tomb M30 and objects in excavation from there

M23

Tomb M23

M33玉璧出土情况

Jade *bi*-disc in excavation from Tomb M33

M27玉器出土情况

Jade objects in excavation from Tomb M27

F1 （北—南）

House-foundation F1 (N-S)

The Xiaonanshan Site is located in Raohe County of Heilongjiang Province, lying by the Wusuli River. To investigate its cultural contents, in 2015 to 2017 years, the Heilongjiang Provincial Institute of Cultural Relics and Archaeology and the Raohe County Administration of Cultural Relics carried out archaeological excavation on the site. They opened an area of 1,050 sq m and discovered more than 2,000 jade, stone and pottery artifacts of various types. According to the stratigraphical evidence and cultural features, the revealed cultural remains can be divided into the early, mid and late phases. The clarified tombs number 41. Each of them contents a rock-cut burial pit that is covered with a stone mound and furnished with fire-damaged funeral objects. The unearthed numerous jades can be rated as one of the earliest jade assemblages discovered so far in China. They have important value for researching the origination and spread of jade artifacts in ancient China. The early-phase Xiaonanshan cultural remains represent a new archaeological culture that developed earlier than the Xinkailiu Culture in the Three Rivers Plains, so it might be named Xiaonanshan Culture.

山东章丘焦家大汶口文化遗址
2016～2017年发掘收获

ACHIEVEMENTS IN 2016 TO 2017 ON THE DAWENKOU-
CULTURE JIAOJIA SITE AT ZHANGQIU DISTRICT IN
SHANDONG PROVINCE

焦家遗址位于山东省济南市章丘区西北20公里处的泰沂山系北侧的山前平原地带，遗址以西500米处有巨野河自东南向西北流过，南距城子崖遗址约5公里。遗址分布于焦家、苏官、董家和河阳店等村庄之间，中部位置略隆起。遗址总面积超过100万平方米。焦家遗址延续时间较长，主体年代为大汶口文化中晚期，下限为汉代。

2016～2017年，为探索该聚落的内涵、布局和结构等问题，山东大学考古与博物馆学系两次发掘该遗址，合计发掘面积约2170平方米。发现了极为丰富的大汶口文化遗存，包括夯土墙和壕

沟1周、墓葬215座、房址116座、灰坑974个和陶窑1座等。灰坑绝大多数属于大汶口文化，还包括少量龙山文化、岳石文化和汉代灰坑。

遗址以贯穿东西的一条道路为界，分为南、北两区。在不同的发展阶段，其聚落功能表现出明显不同，从早到晚经历了Ⅰ居住期、Ⅱ埋葬期、Ⅲ居住期3个大的发展阶段。

Ⅰ居住期多见分布较有规律的半地穴式房屋。房屋面积5～15平方米，形状有椭圆形、圆形、圆角方形等，门道方向不固定，房屋有分群分组的现象。功能有储存、手工业作坊、居住等。房址附近没有墓葬存在，推测这一时期的居

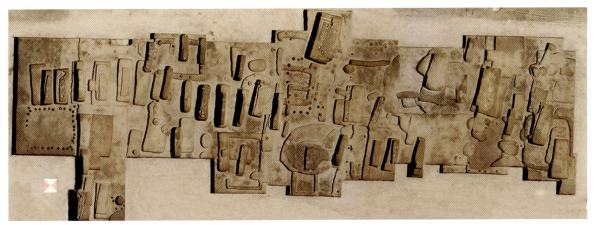

北区墓葬分布图
Distribution of the tombs in the northern area

城墙夯土

南区墓葬分布图
Distribution of the tombs in the southern area

住区和埋葬区是分开的。

Ⅱ埋葬期，共发掘大汶口文化墓葬215座，这批墓葬表现出鲜明的地域和时代特色。它们成排成列分布的特点明显。从随葬器物的情况推断，这批墓葬延续时间较长，约为大汶口文化的中期晚段到晚期阶段。

墓葬形制全部为竖穴土坑墓，葬式多为单人仰身直肢，少数为俯身直肢、侧身直肢和侧身屈肢等。从葬具看，有2座重椁一棺和20座一椁一棺的大型墓葬，有一棺的墓葬共113座。高达62.8%的葬具使用率，在全国同时期的其他墓地中是极为少见的。从墓葬体量、葬具、随葬器物等情况来看，已经表现出明显的社会分化。

目前发现的大型墓葬主要集中分布在南区；北区也有几座大型墓葬，但在大汶口文化时期就有被毁坏的现象。大型墓葬都有重椁一棺或一椁

一棺，面积6～11.66平方米，随葬器物数量最多的可达70件，常见玉钺、玉镯、骨雕筒、陶高柄杯、白陶鬶、白陶背壶、白陶杯和彩陶等。在南区大墓的附近位置，还发现了集中分布的20多座祭祀坑，应与大型墓葬有密切关系。坑内或是堆满打碎的陶器，或是埋葬整狗、猪、鹰等。这也是首次在海岱地区发现大汶口文化大型墓葬和祭祀遗迹相结合的系统资料。

中型墓葬数量较多，葬具为一棺，在墓主头端和脚端位置放置陶鼎、陶罐、陶杯等，随身佩戴小件的玉石、蚌类装饰品。小型墓葬规模较小，多无葬具，无随葬器物或仅见少量陶器、骨器和蚌器等。从大汶口文化中期到晚期，墓葬分化表现出不断加剧的趋势。

在发现的215座墓葬中，有104座（占墓葬总数的48.4%）随葬有数量不等的玉器。玉器可分

为礼器和装饰品两大类。礼器多见钺，装饰品则多见镯、指环、环、串饰和耳坠等。目前发现的玉器总量应该超过600件，因之前海岱地区发现的玉器总量并不多，故焦家遗址应是当时黄河流域一处极为重要的用玉中心。

除此之外，墓葬中还存在双人合葬、拔牙、手握獐牙和随葬龟甲器、贝类、彩陶、彩绘陶及白陶等现象，这些都极大丰富了对大汶口文化葬制和葬俗的认识。

Ⅲ居住期的房屋在空间分布上较有规律，成列或成群分布的特征明显，也表现出较为清楚的阶段性特征，可分为早、中、晚三段。早段的房屋都为单间，结构为基槽式的地面建筑，面积10～20平方米。中段为基槽式的东西向两间或三

M152（大型墓葬）
Tomb M152 (large-sized burial)

M37（中型墓葬）
Tomb M37 (medium-sized burial)

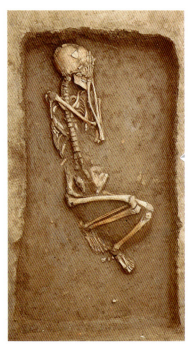

M5（小型墓葬）
Tomb M5 (small-sized burial)

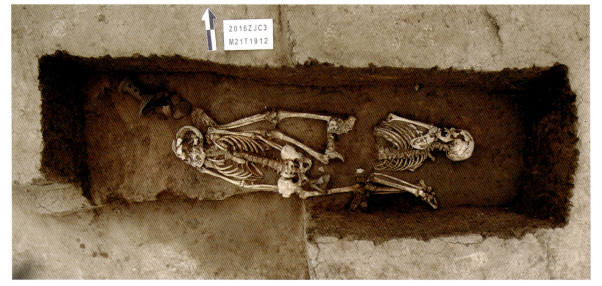

M21（双人合葬墓）
Tomb 21 (double tomb-owners' burial)

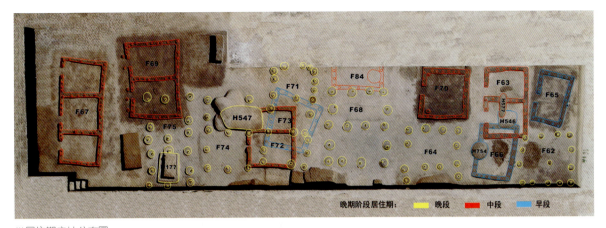

晚期阶段居住期： 晚段　　中段　　早段

Ⅲ居住期房址分布图
Distribution of the house-foundations in the third living phase

间的地面式排房。晚段为柱坑套柱洞式的地面建筑，多是东西向两间或三间的排房。这些排房的单间面积多为6～10平方米。

　　Ⅰ居住期和Ⅲ居住期的116座房址的发现，对研究焦家遗址的聚落变迁、功能分区和社会组织结构等至关重要，也填补了鲁中北地区大汶口文化中晚期阶段居住形态研究的空白。

　　在发掘区南区的中南部位置，还发现了夯土城墙，墙体外侧为壕沟。2017年布设了南北长约50米的探沟，对夯土墙和壕沟进行了解剖。墙体现存宽10～15、高0.45～0.9米，每层夯层厚约0.1米。壕沟宽25～30、深1.5～2米。为了解壕沟的走向和结构，对其进行了重点勘探。勘探结果显示，壕沟平面近椭圆形，外围东西长425～435、南北宽250～360米，总面积约12.25万平方米。关于夯土墙和壕沟的更细致信息，还有待将来工作的继续深入。

　　从发掘的地层关系来看，一些时代为大汶口文化晚期的大型墓葬直接打破夯土墙。因此，夯土墙的年代不会晚于大汶口晚期。焦家遗址应是目前发现的海岱地区年代最早的城址。

　　在焦家遗址所在的区域，后李文化至大汶口文化早期的遗址都有发现。到大汶口文化中晚期至岳石文化时期，遗址的数量成倍增长，遗址之间的等级分化日趋明显。焦家遗址正处于这样一个古代文化底蕴极其深厚区域的核心地带。夯土城墙、环绕城墙的壕沟和一大批高等级墓葬，加之大批玉器、白陶和彩陶的发现，昭示着在大汶口文化中晚期阶段，焦家遗址已成为鲁北古济水流域具有政治、经济和文化中心意义的都邑性聚落。

　　焦家遗址的考古发掘秉承聚落考古和多学科合作的思路，为了更深入探讨聚落变迁和聚落功能分区等问题，采取了开放式的发掘方法。除此之外，发掘过程中通过筛选和水洗浮选等方法，收集了大量自然遗物标本，系统采集土样进行检测和分析，聘请相关专家开展环境、地貌、土壤、水文等专题调研，为全面研究当时的聚落与社会、生态环境、生业结构、人地关系等奠定了坚实基础。

　　长期、系统地开展焦家遗址的聚落考古和多学科的综合研究，有助于完整认识大汶口文化的文化内涵、区域联系和社会性质等问题，对深化海岱地区新石器时代晚期的聚落结构、人地关系和中国东部地区的文明起源和形成等问题的认识具有重大意义和价值。

　　　　　　　（供稿：王芬　路国权　唐仲明　宋艳波）

F16
House-foundation F16

M152出土陶器组合
Pottery assemblage from Tomb M152

陶器
Potterys

M152出土玉器
Jades unearthed from Tomb M152

M91出土玉器
Jades unearthed from Tomb M91

祭祀坑H605第②层出土器物
Objects from the second layer in Sacrificial Pit H605

祭祀坑H605第③层出土器物
Objects from the third layer in Sacrificial Pit H605

祭祀坑出土狗骨
Dog skeleton from a sacrificial pit

The Jiaojia Site is located at Zhangqiu District of Jinan City, Shandong Province. In 2016 to 2017, to investigate its contents, layout and other aspects, the Archaeology and Museology Faculty of Shandong University carried out there excavation. In the opened 2,170 sq m they discovered remains of the Dawenkou Culture, including a circle of moated rammed-earthen wall, 215 tombs, 116 unites of house foundations, 974 ash-pits and a pottery-making kiln. The tombs show clear phenomena of social stratification, and the large graves are surrounded with sacrificial pits. This is the first-time discovery of systematic data on the fact that the Dawenkou Culture in the Haidai region contained large-sized tombs combined with sacrificial vestiges. The house-foundations are rowed rather regular, which has important significance for researching the settlement change, functional division and social structure of the Jiaojia Site. More over, they filled up a blank in the study of the living pattern during the mid and late stages throughout the central and northern areas of the Shandong region.

湖北天门石家河
新石器时代遗址

NEOLITHIC SHIJIAHE SITES IN TIANMEN COUNTY,
HUBEI PROVINCE

湖北天门石家河遗址是长江中游地区目前发现面积最大、延续时间最长、等级最高的新石器时代聚落遗址群，在探索中华文明进程中占有重要地位。2014～2016年，湖北省文物考古研究所、北京大学考古文博学院、天门市博物馆联合对石家河遗址核心区域进行了重点勘探、发掘，勘探面积约3平方公里，发掘面积3325平方米，取得了重要成果。

首先，勘探显示，石家河遗址核心区域存在多重人工堆筑的大型城垣类遗迹，为宏观认识石家河遗址的布局结构提供了重要线索。

新发现的谭家岭古城位于石家河遗址的中心，平面近圆角方形，城垣东西长440、南北宽390米，城垣内总面积17万平方米，城壕内总面积达26万平方米。城垣用较纯净的黄土堆筑，底宽15～18、残高0.8～2米，但东城垣与北城垣东段破坏较严重。城壕紧贴城垣，北城壕宽20～30、东城壕与西城壕宽30～70米，南城壕直接利用宽度超过120米的东西向自然河道。城垣普遍高出城壕底部4～5米。

20世纪90年代初调查发现的石家河古城位于谭家岭古城的外围，面积达120万平方米，但其东南部低地是否存在城垣或城壕并不清晰。此次勘探进一步明确了石家河古城城壕的整体结构，确认该低地的城垣呈弧形通过蓄树岭南部的基本走向，但与东城垣（黄金岭）之间存在一段宽约75米的缺口。同时，此处城壕并非紧贴城垣，而是呈东西向通过昌门湾东部与肖家屋脊北部，宽约55米。

新确认石家河古城外西、北部存在内外两条人工堆筑的黄土墙体堆积。内侧墙体堆积位于石家河古城外西北角的黄家山—严家山，呈半弧形，长约650、宽约55、厚3～4、高出两侧壕沟约7米。外侧墙体堆积分两段：石家河古城外西北部的一段位于鲁台寺—扁担山—三星台，呈半弧形，长约980、宽30～70、最厚的鲁台寺近5米；石家河古城外东北部的一段位于京山坡—毛家岭，京山坡的墙体堆积大致呈东西向，长约586、宽10～37、厚1.7～2.2米，毛家岭的墙体堆积大致呈西北—东南向，长约150、宽5～40、厚约2.7米，两墙体之间隔一条古河道。

其次，谭家岭、三房湾、印信台、严家山等遗址的发掘，为研究石家河遗址的变迁及石家河古城的聚落功能区化提供了重要内容。

为明确谭家岭古城的年代与城垣结构，选择其西北部进行发掘，布5米×5米探方7个，揭露面积175平方米。叠压在城垣上的文化堆积分15层，年代分属后石家河文化时期、石家河文化时期、屈家岭文化晚期、屈家岭文化早期。城壕内的文化堆积仅清理至第⑥层，年代分属屈家岭文化晚期和屈家岭文化早期。城垣由较纯净的黄土堆筑而成，顶宽约10、厚约1.5米，边缘残存一排柱洞。城壕宽约30、深达9米，城壕第⑥层下残存一排竖立于淤泥中的木板。据层位关系与遗物特征分析，谭家岭古城的年代不晚于屈家岭文化早期，结合以往在谭家岭遗址发现大量油子岭文化晚期遗存的实际，推测谭家岭古城的始建年

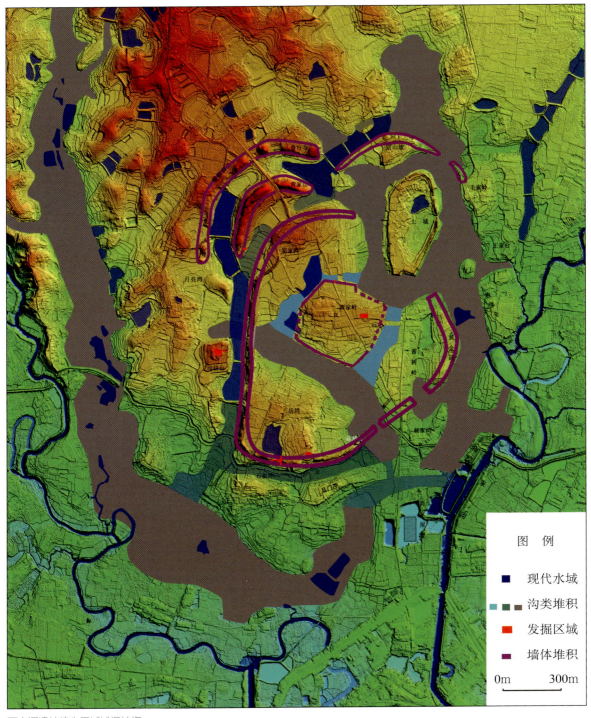

图　例

- ■ 现代水域
- ■ 沟类堆积
- ■ 发掘区域
- ■ 墙体堆积

0m　　　　300m

石家河遗址核心区域城垣结构
Structure of city-wall sections revealed in the key area of the Shijiahe Site

代属于油子岭文化晚期。这是我国发现的同时期规模最大的史前城址，也是其后石家河古城形成的重要基础。

　　为明确三房湾遗址的性质，选择石家河古城内西南部的三房湾东台地进行发掘，布5米×5米探方10个，揭露面积250平方米。文化层揭露至第⑥层，年代分属后石家河文化时期和石家河文化晚期，出土数以千计的厚胎红陶杯残件，发现的遗迹多属与制陶有关的窑、黄土坑等。结合遗迹与遗物的特点，可以确认这里是一处石家河文

谭家岭古城城垣与城壕
City wall and moat of the
Tanjialing City-site

三房湾遗址发掘现场
Sanfangwan Site in
excavation

化晚期至后石家河文化时期以烧制红陶杯为主的专业窑场。

为揭示石家河文化时期的大型建筑遗迹，选择石家河古城内传统居住区的谭家岭东部高地进行发掘，布5米×5米探方32个，揭露面积800平方米。文化层部分揭露至第⑥层。第①层下新发现后石家河文化时期随葬玉器的瓮棺5座，第②层属于石家河文化晚期，其下东部残存一座面积达144平方米的建筑台基，西北部第⑤层下发现屈家岭文化早期的土坑墓4座，初步反映出该区域聚落格局的变化状况。

为了解石家河古城内外聚落的关系，选择石家河古城外西部的印信台遗址进行发掘，布5米×5米探方59个，揭露面积1475平方米。主要揭露出人工堆筑的台基5座，它们被属于石家河文化晚期的地层及开口于此层下的土坑墓叠压或打破。

台基均为长方形，最大的台基2东西长35、南北宽12、高1.1米，由较为纯净的黄土堆筑而成，沿台基边缘分布140余套瓮棺、扣碗、立缸、扣缸等遗存。除台基1与台基3存在间接的叠压关系外，其余台基均无直接的叠压关系。台基2与台基3、台基3与台基4、台基3与台基5之间的低地填埋大量石家河文化晚期的厚胎红陶缸、红陶杯等废弃品及少量人骨残骸，有些废弃的红陶缸还呈现排列有序、相互套接的状态，部分红陶缸上新发现多种刻划符号。根据遗存所呈现的特点，推测这里属于石家河文化晚期多次进行祭祀活动的特殊场所，也是目前发现的长江中游地区规模最大的史前祭祀场所。

为明确石家河古城南城垣西段缺口的性质，在该缺口处布5米×5米探方20个，发掘面积500平方米。城垣被石家河文化晚期地层叠压并叠压屈家岭文化早期地层。城垣之间的缺口宽约12、残深2.6米，其西侧近城垣处有一条宽1.9～3.5米的排水沟，沟底堆积物属于石家河文化早期，说明该城垣缺口至少在石家河文化早期依然存在，是人为设置的进出石家河古城的通道，但在石家河文化晚期废弃，这也进一步证明石家河古城的始建年代不早于屈家岭文化早期。

为了解石家河古城外墙体堆积的年代与结构，选择严家山南端东侧进行发掘，布5米×5米探方5个，揭露面积125平方米。文化层分5层，第③层属于后石家河文化，第④层不见遗物，第⑤层属于石家河文化晚期，其下叠压墙体堆积。遗迹主要有瓮棺20座、石块堆积2处。其中，开口在第②层下的19座瓮棺，部分打破石块堆积，年代属于后石家河文化，出土玉器废料30余件；两处石块堆积分别开口在第②层下和第⑤层下，大致呈南北向条状分布，石块属极易破碎的灰白色白云岩，部分石块

可见敲打、磨平、钻孔等痕迹，同出的遗物有小石刀、箭镞等。推测这里是一处石家河文化晚期至后石家河文化时期制作石器的小型加工场所，而墙体年代不晚于石家河文化晚期。

第三，新发现一批后石家河文化时期的玉器，丰富了中华文明进程研究的内涵。

谭家岭5座瓮棺出土的240余件精美玉器是后石家河文化时期石家河遗址玉器的又一次集中发现，新见的玉人头像、双人连体头像玉玦、虎座双鹰玉饰、玉牌饰、虎形玉冠饰、玉虎、玉鹰等，不仅类型丰富、形态优美、造型生动，而且工艺精湛，其普遍使用的圆雕、透雕、减地阳刻、浅浮雕线刻等工艺代表了史前中国乃至东亚地区玉器加工工艺的最高水平。与之相比，严家山19座瓮棺出土的30余件玉器废料则明显简单粗糙，似表明瓮棺主人之间存在等级身份的分化。

（供稿：向其芳　刘辉）

三房湾遗址红陶杯堆积局部
Part of the red pottery cups piled on the Sanfangwan Site

三房湾遗址黄土坑3
No. 3 Loess pit on the Sanfangwan Site

三房湾遗址洗泥池1
No. 1 clay-washing tank on the Sanfangwan Site

印信台遗址套缸出土情况
A series of vats in excavation from the Yinxintai Site

石家河古城南城垣西段缺口
A gap in the western section of the southern city-wall of the Shijiahe City-site

印信台遗址套缸上的刻划符号
Incised mark on a vat unearthed from the Yinxintai Site

严家山遗址第⑤层下石块堆积
Stone pile beneath the fifth layer on the Yanjiashan Site

谭家岭W8
Urn-burial at Tanjialing

虎座双鹰玉饰
Tiger-shape-based double-eagle-shaped jade ornament

扇形透雕玉佩
Open-wrought fan-shaped jade pendant

鹰纹圆玉牌
Round jade ornament with eagle design

玉人头像
Head of a jade-sculptured human head

双人连体头像玉玦
Penannular jade ring in the shape of jointed double human heads

玉冠饰
Jade crown

玉鹰
Jade eagle

玉佩
Jade pendant

The Hubei Tianmen Shijiahe Sites are the Neolithic settlement-group that is the largest in area, longest in function and highest in grade among the Neolithic sites discovered so far in the middle Yangtze River valley. In 2014 to 2016, the Hubei Provincial Institute of Cultural Relics and Archaeology and other institutions carried out exploration and excavation in the key area of the site group. They explored an area of ca. three sq km. The results firmly indicate that there are remains of a man-built large-scale city wall complex. On the Tanjialing, Sanfangwan, Yinxintai and Yanjiashan sites, excavation covered an area of 3,325 sq m in total. The present archaeological work brought to light important clues for microscopic understanding the layout and structure of the Shijiahe Site; it also revealed important evidences on the site's changes and the ancient Shijiahe City's functional division. Moreover, the newly-discovered jades that left over from the period following the Shijiahe Culture enriched the contents of the study on the Chinese civilization's developmental course.

湖北松滋关洲
新石器时代遗址

NEOLITHIC GUANZHOU SITE AT SONGZI CITY, HUBEI PROVINCE

关洲遗址位于湖北省松滋市陈店镇全心村四组关洲东北部，北距城背溪遗址约10公里，海拔约40米。遗址属于长江江心洲，主要位于松滋下关洲部分，其中新石器时代遗存大致沿下关洲北岸东段分布。北部自然剖面及钻探结果显示，遗址东西长约500、南北宽约50米，总面积约25000平方米，是目前发现的同时期面积最大的遗址。

遗址表面地势平坦，北部略高处长有常年植被，其余部分仅长有杂草。遗址边缘因长年受江水冲沙，地势陡峭，文化层和采集遗物主要分布于遗址的东北临江一线。遗址于2014年3月被首次发现，并在北部临江剖面上发现了文化层，采集到大量石器、陶片以及兽骨、烧土块等遗物。

为了解关洲遗址的文化内涵和价值，2015年11月至2016年5月，湖北省文物考古研究所与松滋市博物馆组成考古队，对关洲遗址进行了正式发掘。发掘区选在遗址东部，临长江北岸，布5米×5米探方13个，发掘面积共计325平方米。随后进入室内整理阶段，至2017年8月，工作基本结束。本次考古调查和发掘，极大地丰富了鄂西地区城背溪文化遗存的重要资料。

整个遗址地层堆积厚达10米，分11层。地层年代从新石器时代延续到明清时期。其中，第①层为现代淤沙层，厚5～6米，第②层为明清时期文化层，第③层为南北朝至唐代文化层，第④层为东周至汉代文化层，第⑤～⑩层为新石器时代文化层，第⑪层下的淤沙较为纯净，但仍含有

少量陶片、鱼骨，因长江水位上涨而停止发掘。新石器时代文化层距地表7～9米，发现有城背溪文化和大溪文化两个时期的遗存。对遗址T1918探方剖面采集炭屑的测年结果显示，其城背溪文化时期的绝对年代大致为距今8500～7700年，相当于澧阳平原彭头山文化晚期和皂市下层文化，这与以陶器等典型遗物所体现的文化时代基本一致。由此可知，关洲遗址是目前发现的鄂西地区最早阶段的新石器时代遗址之一。

关洲遗址大致沿长江呈狭长的带状分布，主要遗迹有土坑墓、红烧土建筑遗迹、灰坑、陶片堆积、废弃鱼骨堆积等。20世纪80年代发现并发掘的城背溪文化遗址大多面积较小，文化层较薄，而此次发现的关洲遗址分布面积大，文化层堆积较厚，说明在距今8500年以来的新石器时代早中期，长江沿岸已经出现了较为稳定的较大规模的定居聚落。这对于认识城背溪文化时期的人类聚落形态、生业类型、文化面貌均具有重要意义。

关洲遗址出土大量城背溪文化时期的石器、陶器、骨器、鱼骨等，再现了该时期人类生产、生活、居住等各方面的场景。石器以打制为主，亦有少量磨制石器，石材以河漫滩采集的石英岩为主，打制石器原材料还发现大量玛瑙；打制石器有锤、石片、刮削器、砍砸器等，以石片数量最多；磨制石器有斧、锄等。陶器制作工艺较为原始，以手制泥片贴塑为主，部分器形口沿出现慢轮修整痕迹；器形有釜、罐、盆、盘、钵、支座等，其中釜为最主要的炊器，可能与支座组合使用；釜、罐颈部附双耳的现象比较普遍；器表纹饰极为发达，釜、罐器表多饰以交错细绳纹，也有少量粗绳纹，刻划纹数量较多，形态多样，有成组分布的几何纹，也有水波纹、篦划纹等，压印草叶纹较为特殊；罐耳及盘圈足镂孔的现象比较普遍，还发现极少量红衣和黑衣彩绘；部分圈足盘和钵的器表有磨光迹象。生产类石器及大量陶器尤其是炊器的发现，说明当时人类已处于比较稳定的定居农业阶段。在一块陶器的底部发现了压印的稻穗纹样，说明水稻种植已是重要的食物来源。需要注意的是，遗址还发现了大量兽骨和密集成层分布的鱼骨，主要种类有青鱼、草鱼、鳙鱼、鲇鱼、鼋、猕猴、狗、黑熊、水獭、獾、猪、梅花鹿、黄麂、水牛及鸟类等。食物来源的广谱性，说明此时渔猎经济仍然比较发达，

T1818南壁地层堆积情况
Stratigraphic accumulation shown on the southern wall of Excavation Grid T1818

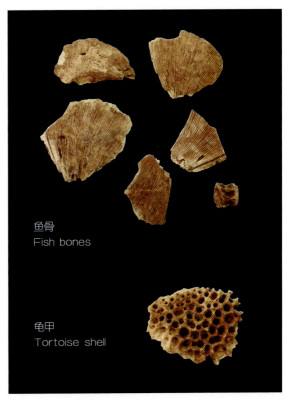

鱼骨
Fish bones

龟甲
Tortoise shell

T1817第⑪层下陶片堆积

Potshard accumulation beneath the eleventh layer in Excavation Grid T1817

T2219第⑩层底部红烧土堆积表面器物出土情况

Artifacts in excavation from the surface of the burnt clay accumulated on the bottom of the tenth layer in Excavation Grid T2219

T1918第⑪层下鱼骨堆积

Fish bone accumulation beneath the eleventh layer in Excavation Grid T1918

是人类食物资源的重要补充。

　　城背溪文化由湖南澧县彭头山文化发展传播而来，关洲遗址出土陶釜、罐的特征与彭头山文化三、四期极为相似，而以各类繁缛复杂的刻划纹、几何压印纹为特征的装饰风格则与澧阳平原皂市下层极为相似，说明以关洲遗址为代表的城背溪文化来源于彭头山文化，与彭头山文化晚期和皂市下层文化同时。关洲遗址的发现，表明松滋在长江中游新石器文化传播和空间分布格局的变化中处于非常关键的位置，从彭头山文化到城背溪文化（皂市下层文化）再到大溪文化的发展和演变脉络在湘西北和鄂西地区非常清楚，反映出该时期是长江中游以釜、罐为特色的本土文化系统最为鼎盛的时期。

　　关洲遗址的地层厚达10米，年代从距今8500年一直延续至明清时期，地层堆积可见大量淤沙层和洪水沉积层，为全新世环境演变以及长江洪水史、河床演化的综合研究提供了宝贵资料。地质调查与采样证明，长江河道在史前时期位于关洲的北侧，关洲一直是陆地的一部分（河漫滩），其南侧有一条小河车阳河汇入长江。遗址北部发现有大量明清时期的建筑基址和墓碑，说明至迟在明清时期此处仍适合人类居住。此后，长江历次洪水，造成长江夺车阳河冲刷南岸，关洲进入江心岛发展阶段，最终造成关洲完全脱离陆地成为江心洲，南侧成为长江主航道。同时，随着河道的淤塞与水位上涨，关洲遗址多次被洪水淹没，明清文化层之上的淤沙厚达7米，说明明清以来河道淤塞的现象非常严重，需要引起对长江河床演变的高度重视。

（供稿：刘辉　赵军）

陶釜
Pottery *fu* cauldron

陶釜
Pottery *fu* cauldron

陶盆
Pottery basin

组合刻划纹陶片
Potshard with combined incised designs

红衣彩陶盆
Red-slipped painted pottery basin

刻划纹陶片
Potshard with incised design

陶支座
Pottery stand

几何刻划纹陶片
Potshard with incised geometrical pattern

稻穗压印纹陶片
Potshard with rice-ear-printed pattern

镂孔陶罐耳
Engraved handle of a pottery jar

玛瑙打制石核
Chipped agate nucleus

玛瑙打制石器
Chipped agate implement

The Guanzhou Site is situated to the northwest of Songzi City, Hubei Province, lying by the Yangzi River, about ten km to the south of the Chengbeixi Site. It is one of the earliest Neolithic settlements discovered so far in the western Hubei Province. Through archaeological survey and excavation it has been known that the site contains remains of the Chengbeixi and Daxi cultures. The traces of the Chengbeixi Culture include the vestiges of burnt-clay buildings, ash-pits, pottery-shards accumulations and piled discard fish bones, while the unearthed objects are stone tools, pottery vessels, animal skeletons, fish bones, etc. These remains go back to 8500—7700 BP. Among the so far known sites of the Chengbeixi Culture the Guanzhou Site is the uttermost eastern and largest settlement. Its discovery enriched our knowledge on this culture and provided important material for researching the formation and evolution of the prehistoric cultural pattern in the middle valley of the Yangtze River.

陕西高陵杨官寨遗址庙底沟文化墓地

BURIAL GROUND OF THE MIAODIGOU CULTURE ON THE YANGGUANZHAI SITE AT GAOLING DISTRICT, SHAANXI PROVINCE

杨官寨遗址位于陕西省西安市高陵区姬家街道杨官寨村四组东侧，地处泾渭交汇处西北约4公里的泾河北岸一级阶地上，南距现泾河河道约1公里。遗址总面积100余万平方米，是关中地区仰韶中晚期一处特大型中心聚落遗址。自2004年首次发现以来，陕西省考古研究院对该遗址开展了持续十余年的考古工作，发现了庙底沟文化时期唯一保存完整的大型环壕、环壕聚落中央大型水池遗迹、半坡四期文化制陶作坊区等，基本厘清了遗址的文化内涵、聚落布局结构等重要学术问题。

2016～2017年，为了解杨官寨遗址东北部遗存的分布状况，陕西省考古研究院在遗址东段环壕外开展了针对性的考古发掘，发现了一处与环壕聚落同时期的大型史前公共墓地，取得了重要收获。

发掘区周围地势较为开阔，所处地形为一处由北向南的缓坡，北部现存一较低矮的土台，系晚期平整土地形成。发掘区地层堆积较为简单，共分5层，第⑤层下即为生土层，本次清理的史前墓葬均开口于第⑤层下，打破生土。

经初步勘探，本次发现的墓地位于杨官寨遗址环壕外的东部区域，西侧与东段环壕毗邻，平面范围东西长约530、南北宽约170米，总面积9万余平方米。目前已揭露面积3800平方米，发现史前墓葬343座，分布十分密集，初步推测墓葬总数达数千座，规模空前。

目前已对墓地东部区域的211座墓葬进行了清理，墓葬规格普遍相近，均为小型墓，开口平面皆呈长方形，长2～2.5、宽0.6～0.8米，深度鲜有超过1米者。个别墓葬规格稍大，如M233，墓口长3.4、宽1.25米。

墓葬方向基本为东西向，且同时期墓葬间未见任何打破关系，在部分墓葬开口的东端或西端还发现有圆形的疑似柱洞遗迹，推测可能为"幡"类标志墓葬位置的墓上建筑遗存，应是墓地在营建过程中经过周密规划的重要体现。

墓葬形制可分洞室墓和竖穴土坑墓两类。洞室墓根据洞室的位置可分为偏洞室墓、半洞室墓两型。偏洞室墓，均建造有长方形竖穴墓道，墓道底部多不平整，在墓道的一侧（墓道的长侧）掏挖一洞室安葬死者，又根据洞室的位置可分为向北偏和向南偏两亚型，以向北偏为主，洞室修建应经过严格计算，均略大于墓主身高。此类墓葬形制最为普遍，占已发掘墓葬总数的80%以上。半洞室墓，属较为特殊的一种形制，均在墓葬头端（墓道的窄侧）壁面处向西侧掏挖与墓室连成一线的洞室，洞室进深0.2～0.65米，形似壁龛，仅能容纳墓主头骨或上半身，此类墓葬数量较少，仅发现10余座。

竖穴土坑墓根据有无二层台可分为两型。无二层台的竖穴土坑墓为挖建一长方形竖穴土坑埋葬死者，壁较直。带二层台的竖穴土坑墓规格较洞室墓和不带二层台的竖穴土坑墓稍大，多在墓葬底部中央建造带有生土二层台的墓室，人骨摆放于墓室内，此类墓葬数量较少，约占已发掘墓葬总数的10%。

在已完成发掘的墓葬内尚未发现木质葬具，个别墓葬中在人骨周围发现了疑似编织物包裹的痕迹。在对墓葬内填土、人骨周围采集土样进行植硅体分析时，鉴定出芦苇盾形植硅体，推测在死者下葬时有用芦苇类编织物对尸体进行包裹的现象。

墓葬均为单人一次葬，骨骼保存较为完整，个别墓主的臂部、腿部有缺失现象，还有少量非正常死亡现象，如M151墓主颈部插有骨簪，应是其致死原因。人骨保存状况一般，尤以肋骨、脊椎、手部、脚部以及股骨头、胫骨头等多孔隙骨骼腐朽较为严重，有的仅能根据残存的朽痕清理出大致轮廓。葬式均为仰身直肢，头朝西，面向上，双臂贴近躯干摆放，足部大多并拢，明显不同于人死亡后双脚呈"八"字状自然分列排布的情况，可能是尸体下葬时经包裹或捆绑所致。在发掘过程中，相当数量的墓葬中发现有手指骨移位的现象，有的指骨发现填埋在墓道内或散乱在人骨周边，有些摆放在头骨附近或骨盆内，有的手骨与尺骨自腕部整体分离约0.2米，疑似是当时较为流行的割体葬仪。

这批墓葬出土器物较少，大多墓葬未见随葬器物，仅在少量墓葬中发现有尖底瓶、彩陶盆、彩陶壶、泥质筒形罐、夹砂罐、钵、壶、杯等陶器，多放置于墓主头侧、脚侧或肢骨侧。有些墓葬的随葬陶器发现于墓道的填土内，且破损十分严重，还有些随葬陶器则明显是摔碎后再葬入墓葬的不同位置。其他随葬器物还有玉钺、玉环、玉璧、石环、石珠及骨环、骨簪、骨笄、骨珠等。人骨有佩戴陶

环、骨环或石环等装饰品的现象，属关中地区首次发现。个别墓葬中出土有颜料，初步鉴定为经提纯加工的赤铁矿，其中还掺有动物胶类黏合剂。在一座儿童墓葬中还发现了一件完整的龟甲。

在科学发掘的基础上，考古工作人员还联合国内外相关科研院所，开展了体质人类学、DNA（全基因组水平）、病理学、稳定同位素、牙结石、腹部寄生虫、碳十四测年、孢粉分析、植硅体检测等方面的多学科、全方位、深层次合作研究，全面提取相关资料，深入研究墓地内人群组成、血缘关系、食物结构、排列情况、形成过程及其他方面的重大课题。

尽管本次发掘的墓葬随葬陶器数量有限，但墓葬内出土的重唇口尖底瓶、卷沿曲腹彩陶盆、泥质筒形斜腹罐、夹砂鼓腹罐等陶器具有庙底沟文化的典型特征，彩陶盆上绘制的弧线纹、彩陶壶上装饰的花瓣纹均为庙底沟文化最具特征的彩陶题材，而且墓葬的碳十四测年数据与环壕的测年结果完全吻合，因此，此墓地的年代为庙底沟文化时期。这是国内首次确认的庙底沟文化大型成人墓地，填补了这一时期考古发现的空白。

本次发掘的杨官寨遗址东区墓地，墓葬规格普遍较小，未见有显著的等级差异，且随葬器物少，与环壕聚落西门址两侧出土大量成层分布的完整陶器对比鲜明，故推测这批墓葬应是杨官寨

墓地发掘区航拍
Aerial photo of the excavated area in the cemetery

偏洞室墓M292及墓道西端疑似柱洞痕迹
Cave-tomb M292 and possible post-hole traces at the western end of the tomb-passage

半洞室墓M296
Semi-cave-tomb M296

带生土二层台竖穴土坑墓M388
Vertical earthen-pit tomb M388 with an immature-soil second-tier platform

M176墓主足部并拢现象
Tomb occupant's closed-up feet revealed in Tomb M176

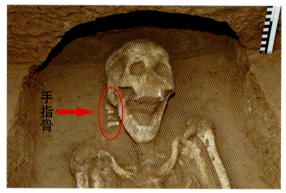

手指骨

M212墓主头骨旁摆放的手指骨
Finger bones put near the tomb-occupant's skull in Tomb M212

M135墓主佩戴骨簪及石环
Bone hair pin and stone rings on the body of the tomb occupant in Tomb M135

M114埋葬儿童与随葬龟甲
Child's burial and funeral tortoise shell in Tomb M114

遗址普通居民的公共墓地。

　　本次发现与发掘，为从宏观上进一步认识杨官寨遗址的聚落布局提供了依据，也为庙底沟文化聚落形态、埋葬习俗、埋葬制度、人种学、人群血缘关系、婚姻状况、社会组织结构等重大课题的研究积累了宝贵资料。同时，本次发现的偏洞室墓当属目前所知最早的同类遗存，将其出现年代提前了600余年，为研究该类墓葬的起源与传播以及关中地区与中国西部地区乃至西方的文化交流和影响提供了重要资料。

　　　　　　（供稿：杨利平　王炜林　殷宇鹏　胡珂）

陶尖底瓶
Point-bottomed pottery bottle

彩陶盆
Painted pottery basin

彩陶壶
Painted pottery pot

陶钵
Pottery *bo* bowl

泥质灰陶筒形罐
Cylindrical clay jar of gray ware

夹砂陶罐
Sandy pottery jar

玉钺
Jade *yue* battle-axe

玉环
Jade ring

骨珠串饰
A string of bone beads

This site is situated at Yangguanzhai Village of Jijia Subdistrict in Gaoling District, Xi'an City, Shaanxi Province. It is a very large central settlement-site of the mid and late Yangshao Culture in the Guanzhong region. In 2016 to 2017, the Shaanxi Provincial Institute of Archaeology discovered a broad prehistoric cemetery in the northeast of the site and excavated 211 tombs in the east of this burial ground. These burials are all small in size and belong to the cave or vertical-pit type. Judged by the funeral objects, ^{14}C dates etc., the cemetery can be preliminarily dated to the period of Miaodigou Culture and might be taken as the first affirmed large-sized burial ground of the Miaodigou Culture. Its discovery has important value for exploring the layout of the Yangguanzhai settlement in the Miaodigou Culture period and provided valuable data for researching the burial institution and custom, the residents' blood relationship, the prehistoric marital status, the social-organization-structure and so on in the period of the Miaodigou Culture.

广东广州增城区
墨依山先秦遗址

PRE-QIN PERIOD MOYI-HILL SITE IN ZENGCHENG
DISTRICT OF GUANGZHOU CITY, GUANGDONG PROVINCE

墨依山位于广东省广州市增城区朱村街官田村北，东距增江约11公里，属珠江三角洲北部的丘陵，海拔104米。遗址位于墨依山西南面坡地，西、南两侧山坡下为开阔的农田。

为配合广州增城沙庄至花都北兴公路二期工程（即北三环高速）建设，2016年7月至2017年1月，广州市文物考古研究院对墨依山遗址进行了抢救性发掘，揭露面积约1650平方米，清理先秦至清代晚期墓葬127座、灰坑10个，出土器物190余件（套）。

墨依山遗址的地层为坡状堆积，自中部山岗向西、南倾斜，依附山体地面由高向低冲积而成。位于本次发掘区东北角的T1511，地势较高，现海拔55.7米。

现以T1511南壁为例，介绍该区域的地层堆积情况。

第①层：耕土层，厚0.3~0.45米。黄灰色杂土，土质疏松。包含少量青花瓷片、夔纹陶片。

第②层：分布于探方东南部，南厚北薄呈坡状堆积，厚0.05~0.25米。黄褐色沙质土，土质疏松，夹杂碎石子和风化土。包含陶罐、釜残片。打破此层的遗迹有M65，M14，M63，M64，M66，M69，M70，M118，M124开口于此层下。第②层下开口的遗迹，年代均为商时期。

第③层：主要分布于探方西南部，自北向南呈坡状堆积，厚0.15~0.25米。黄红色沙质土，土质质密，夹杂云母片。包含夹砂陶釜、鼎及泥质陶罐、大口尊残片。打破该层的遗迹有M63、

M64、M66、M69、M70，M35开口于此层下。第③层下开口的遗迹，年代均为商时期。

第③层下即为风化基岩，质硬且纯，不含遗物。

本次发掘最重要的收获是清理了76座商时期墓葬，其中开口于第①层下的11座、开口于第②层下的40座、开口于第③层下的25座。墓葬主要集中在中部山顶的平台、南面的山腰，西面山坡仅有零星发现。墓葬均为长方形竖穴土坑墓，墓内填黄褐色沙质土，夹杂小石子和风化土块，属原坑土回填。由于自然和人为的破坏，墓口多被削低，有的随葬器物已露出墓圹。墓向不定，多依山势分布。墓坑的大小、深浅不一，最大的墓（M70）墓口长3.2、宽1.5米，最小的墓（M74）墓口长1.8、宽0.4米；最深的墓（M70）深2.1米，最浅的墓（M40）深仅0.08米。墓室结构简单，偶有生土二层台，墓坑壁挖筑粗糙，墓底平缓。人骨不存，葬具不详。个别墓葬一端有龛，龛内放置大口尊1件。随葬器物分布无明显规律，数量多者10件（套），少者仅1件，2件或3件者普遍。随葬器物以陶器为大宗，石器较少。陶器分夹砂和泥质两种，以泥质陶为主，夹砂陶多为陶釜。泥质陶中，尊一类的体形较大陶器烧制火候较低，陶质酥软，易破碎；钵一类的小型陶器烧造温度较高，质地坚密，陶质硬。常见器形有大口尊、小口折肩罐、小罐、钵、高柄豆、盂形豆、支座等，凹底器多见，圜底器、平底器和圈足器较少。陶器制法上

使用轮制和手制轮修。尊、罐类的口沿与器身，圈足器的圈足与器身，均为分别制作而后粘接。纹饰以单一纹饰为主，有重环纹、方格纹、绳纹、三线方格纹等，暂未见组合纹饰，纹饰主要为拍印而成，交错不规整。

M66、M70两座墓葬中随葬牙璋、有领玉环等玉器，是本次发掘的重要发现。

M66位于T1511东南角，M70位于T1511西北角，两墓相距6米，均为开口于第②层下的长方形竖穴土坑墓。墓内填黄褐色沙质土，夹杂碎石子和风化土。M66呈西北—东南向，墓口长3、宽1.3米，墓底长2.8、宽1.1米，残深1.4～1.5米。东端上部有生土台，中下部有龛。随葬器物10件，陶大口尊放置于东端壁龛中，有领玉环放置于墓室中部偏西，玉牙璋、玉耳珰、玉管、玉环形饰、石器放置于墓室西端。M70呈东西向，

墓口长3.2、宽1.5米，墓底长3、宽1.3米，残深2.1米。墓口形状较规整，墓壁陡直，壁面自上而下略向内斜，两侧壁下部有不甚规整的生土二层台，底部平缓。随葬器物10件，陶大口尊、陶钵放置于墓室东北角，有领玉环放置于墓室中部，玉牙璋、玉耳珰、玉管、玉环形饰、石锛放置于墓室西侧。两座墓葬的人骨均已不存，头向难辨，且无板灰等痕迹发现，葬具不详。

墨依山遗址的发掘具有重要的学术意义。第一，墨依山遗址是广州地区发现的第一个具有相当规模的商时期墓地，填补了广州地区商时期考古学文化的空白，丰富了广州以至珠江三角洲地区的先秦考古学文化序列，对于研究增江流域早期文明及广州地区历史文化源流具有重要意义。第二，陶大口尊、凹刃石锛等出土器物带有明显的浮滨文化特征，显示珠江三角洲与粤东地区在

遗迹分布航拍
Aerophoto of the
Distribution of the remains

祭祀坑1（东—西）
Sacrificial Pit 1 (E—W)

商时期存在比较密切的文化交流和相互影响，为研究商时期珠江三角洲与粤东地区的文化交往以及本地区商时期的人类社会面貌提供了新资料。第三，M66、M70两座墓葬随葬的玉牙璋是墨依山遗址考古发掘的重要发现，牙璋出土于墓葬，且与陶器、石器等共出，年代明确，这在珠江三角洲地区尚属首次发现，极大地丰富了环珠江口地区的商时期考古资料，为探讨这一地区此前考古发现的牙璋年代提供了重要标尺，也为研究牙璋自北向南的传播过程及其与周边文化的融合提供了重要资料。

（供稿：张希　朱海仁）

M31（西—东）
Tomb M31 (W—E)

M66（西—东）
Tomb M66 (W—E)

M70（西—东）
Tomb M70 (W—E)

M66玉器、石器出土情况
Jades and stone implements in excavation from Tomb M66

陶大口尊
Large-mouthed pottery *zun* vase

陶大口尊
Large-mouthed pottery *zun* vase

陶盂形豆
Yu-container-shaped pottery *dou* stemmed vessel

陶钵
Pottery *bo* bowl

玉牙璋
Jade *yazhang* sawteeth-shape-edged tablet

玉管
Jade tubes

有领玉环
Necked jade ring

玉牙璋
Jade *yazhang* sawteeth-shaped-edged tablet

玉耳珰
Jade eardrop

石锛
Stone adze

凹刃石锛
Concave-edged stone adze

From July 2016 to January 2017, the Guangzhou Municipal Institute of Cultural Relics and Archaeology carried out rescuing excavation on the Pre-Qin Period Moyi-hill Site in Zengcheng District of Guangzhou City, Guangdong Province. They clarified 76 Shang Period tombs. This is the first-discovered Shang Period large-sized burial ground in the Guangzhou region. It has important significance for investigating the early civilization in the Zenjiang River valley. The results filled up a blank in the sequence of archaeological cultures across the Guangzhou area, as well as for researching the early civilization in the Zengjiang River valley and the origins of the historical civilization in the Guangzhou area. Besides, the jade *yazhang* sawteeth-shaped-edged tablets unearthed from Tombs M66 and M70 are also important relics in the present excavation as they are the first discovery from tombs with exactly known date. This achievement enriched reliable material for the archaeological study of the area around the mouth of the Zhujiang River, provided new clues for dating the same sort of finds in this region and can be taken as a historical witness to the southern spread of the Shang culture and its amalgamation with the Lingnan culture.

山西襄汾陶寺北两周墓地 2016～2017年发掘收获

ACHIEVEMENTS IN THE 2016 TO 2017 EXCAVATION ON THE ZHOU PERIOD GRAVEYARD TO THE NORTH OF TAOSI IN XIANGFEN COUNTY, SHANXI PROVINCE

陶寺北两周墓地位于山西省襄汾县城东北约7公里处的陶寺村北。墓地东西长约600、南北宽约400米，面积约24万平方米。2014～2015年，山西省考古研究所、临汾市旅游发展委员会、襄汾县文化局组成考古队对墓地进行了两次抢救性发掘，清理墓葬12座。2016年3月至2017年1月，考古队对墓地进行了第三次抢救性发掘，发掘面积850平方米，清理墓葬5座。2017年3月至2017年底，考古队对墓地进行了第四次大规模发掘，发掘面积约7000平方米，共发现墓葬250余座、祭祀坑90余座、车马坑3座。现将2016、2017年的发掘收获介绍如下。

2016年共清理墓葬5座，其大、中型墓2座（M1、M2）、小型墓3座（M3～M5），时代均为春秋晚期。

2016XTM1为一座积石墓，墓向8°。墓口长6.6、宽5.2米，深9.8米。椁盖板上铺一层石块，椁外周壁填满石块，形成积石二层台，墓室底部铺一层石块，石块大小不一。葬具为一椁二棺，椁长5、宽3.8、残高2.1米；外棺长2.76、宽2.1米，高不详；内棺长2.2、宽0.9米，高不详。经鉴定，墓主为一女性，约30岁，腹部有一8个月大的胎儿，骨骼保存较差，松脆易断。出土器物有铜、玉、铅、陶、骨、泥器等。铜容器共25件，器形有鼎、盖豆、鉴、壶、鬲、簠、盂、盘、瓿。鼎8件，其中镬鼎2件，立耳，内有

动物骨骼；列鼎5件，有盖，形制、纹饰相同，大小依次递减；小盖鼎1件。鼎盖、腹、耳上多饰繁缛细密的蟠虺纹。盖豆4件，2件为素面，2件捉手、柄部为互相缠绕的镂空蛇纹。鉴2件，形制相同，腹部饰散虺纹。壶2件，形制相同，长方弧角形，长束颈，颈两侧有兽形耳，垂腹，高圈足，颈上部为三周凸弦纹，颈部饰高浮雕鸟衔蛇纹，双鸟昂首相背而立，蛇尾被衔，蛇身透迤，蛇头下探抵近鸟背，颈腹间以凸棱相隔，腹部宽面饰高浮雕双身蟠龙纹。鬲2件，腹部饰蟠螭纹。簠、舟各2件，饰蟠虺纹。盂、盘、瓿各1件，均素面。乐器中铜镈8件，形制相同，大小依次递减，篆带间饰蟠螭纹，枚系半球状盘蛇，蛇首居中，身饰涡纹；石磬2套10件。另见铜書辖2副及陶扁1件。玉器多为墓主随身饰品，颈部有串饰，双臂外侧有玉柄状饰，脚部有踏玉。棺椁之间的南部有一长方形小玉片，其上有穿孔，或系缝缀于织物上。铅器已成粉末，不辨器形。棺椁之间西南角的铜鼎内有骨贝、泥球。外棺四角均发现有铜铃，应为棺饰。

2016XTM2为一座积石墓，墓向10°。墓口长5.4、宽4米，深9米，椁室四周有熟土二层台，其上有少量积石。葬具为一椁二棺，椁长4.1、宽3.1、残高1.8米；外棺长2.65、宽1.32米，高不详；内棺长2.2、宽0.96米，高不详。人骨已朽成粉状。出土铜、陶、玉、铅器等。铜

容器10件，包括鼎5件、盖豆2件及盘、匜、舟各1件，另有铜軎辖1副。乐器中铜纽钟9件、石磬2套10件。陶器包括壶4件、盖豆2件。此外在棺椁之间的西侧和西北、东北、东南角有铅器和铅锡合金器，多呈灰白色粉状，可辨有铅鱼。玉器为墓主随身饰品，集中于头、颈部。棺椁之间的南部有一长方形漆器。

小型墓墓口长1.8~2.4、宽0.73~1.07米，深2.1~2.7米。其中，M3葬具为一椁一棺，仅出土骨簪1件；M4、M5葬具均为单棺，M4出土陶盆2件及陶鬲、陶壶、铜带钩各1件，M5出土陶鬲1件、石圭10件。

2017年分两个发掘区进行发掘，共发现墓葬250余座、祭祀坑90余座，至2017年底共清理墓葬130余座、祭祀坑40余座。

II区位于墓地西部，发掘面积较大，共发现墓葬220余座。其中，小型墓位于发掘区北部，分布集中；大、中型墓位于发掘区南部，分布稀疏，周围发现有数量较多的祭祀坑，整体呈"小聚集，大稀疏"的情况。墓葬除两座为东西向

外，其余均为南北向，墓葬间无打破关系。墓葬时代多为春秋早期。

小型墓清理完成约100座，墓口长1.2~2.4、宽0.5~1.4米，深0.8~5.3米。葬具多为单棺，个别为双棺或一椁一棺。葬式多仰身，个别侧身，有直肢和屈肢两种。仰身屈肢较多，上肢双手交叉于腹部，下肢侧屈或双腿弯成拱形；仰身直肢双手交叉于腹部，下肢伸直。头向以北向为主。随葬器物多为单个陶鬲，位于棺外熟土二层台上、棺盖板上或棺外墓底，个别发现有小件玉饰或口琀。此外，还发现一座夫妻同穴合葬墓，为同时期罕见。

大、中型墓均被盗掘。2017XTM2004墓室被盗一空，在椁室北部发现陶鬲、板瓦各1件，盗洞内筛出少量小件玉器和陶珠等。2017XTM2010北部发现30余座祭祀坑，其中马坑6座，殉整匹马1~3具，其余祭祀坑内多发现羊骨，坑较浅或暴露于当时地面。另在此墓墓口以北、靠近墓壁处发现有"玉石祭祀"的现象，多为散乱的石圭，个别为玉环。

2017年发掘区II航拍
Aero-photo of the 2017-year Excavated Area II

2016XTM1墓内积石
Stone filling in Tomb 2016XTM1

2016XTM1墓室
Burial pit in Tomb 2016XTM1

2016XTM1椁室东南部铜器出土情况
Bronzes in excavation from the south-eastern part of the burial chamber in Tomb 2016XTM1

2016XTM1棺内玛瑙饰件出土情况
Agate ornaments in excavation from the coffin in Tomb 2016XTM1

2016XTM1出土铜方壶
Square bronze pot from Tomb 2016XTM1

　　Ⅲ区位于墓地中部，2015、2016年发掘区以北，发现墓葬25座，已清理墓葬23座，分布较稀疏。中型墓居多，葬具多为一椁二棺或一椁一棺。铜器墓5座，其中2017XTM3017出土铜容器包括鼎3件、敦2件及甗、盘、舟、匜各1件，陶器有壶2件、鬲1件，还发现軎辖、马镳衔、戈、箭

镞等铜器。陶器墓多出土成组陶礼器，器物组合有鬲、鼎、豆、壶、盆，鬲、鼎、豆、壶，鬲、豆，豆、罐等。小型墓葬具多为单棺，不见随葬器物或仅随葬陶鬲1件。墓葬时代多为春秋晚期。
　　2017XTM3011与2016XTM1为并穴合葬墓，两者东西并列，相距约10米，墓向7°。

2017XTM3011墓口长6.4、宽5.2米，深约10米，椁盖板上及椁室四周发现有积石，为大小均匀的河卵石。其西北角发现有盗洞，但因墓室较深且有积石，除西北角被盗外，其余保存尚好。目前椁盖板已揭开，正清理外棺。在棺椁间北部、南部发现有漆绘图案，推测可能是漆器。在棺椁间的西部及西南部发现有大件铜礼器，目前可见有鼎、壶、鉴，另发现有铜箭镞、鎏金铜贝、石圭等。

陶寺北墓地2017年发掘面积较大，发现墓葬数量多，为了解该墓地墓葬布局提供了新材料，发现的大量祭祀坑，为探索古代"墓祭"制度提供了有益线索。2017XTM3014中发现有荒帷遗迹，且保存较完整，是目前发现唯一的春秋晚期荒帷实物资料，对研究两周时期的丧葬制度具有重要意义。

经过2014~2017年的考古工作可知，陶寺北墓地自西北向东南时代逐渐变晚，西北部墓葬可早至两周之际，墓地中部多为春秋晚期墓葬；

2016XTM2墓室
Burial pit in Tomb 2016XTM2

2016XTM2椁室西南部编钟与编磬出土情况
Chime bells and stones in excavation from the southwestern part of the burial chamber in Tomb 2016XTM2

2017XTM3018椁室北部器物出土情况
Funeral objects in excavation from the north of the burial chamber in Tomb 2017XTM3018

2016XTM4墓室
Burial pit in Tomb 2016XTM4

马坑 (2017XTK2015)
Horse burial pit (2017XTK2015)

2017XTM2009、2017XTM2010北部祭祀坑
Sacrificial pits to the north of Tombs 2017XTM2009 and 2017XTM2010

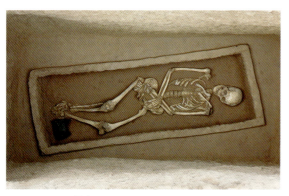

2017XTM2028墓室
Burial pit in Tomb 2017XTM2028

大、中型墓分布在西北至东南的中轴线上，小型墓分布在其两侧。

以往发现的两周时期姬姓贵族墓多为南北向，而陶寺北墓地大、中型墓均具有这一特征，再结合出土器物判断，此墓地应属晋国贵族墓地，但因未发现铭文，并缺乏相关文献，还不能对墓地性质做出准确判断。据第三次全国文物普查，在墓地西北部约5公里处有古城庄遗址，时代为东周，推测其可能与墓地有关，但仍有待进一步确认。

（供稿：崔俊俊）

2017XTM3017墓室
Burial pit in Tomb 2017XTM3017

2016XTM4出土陶器组合
Pottery assemblage unearthed from Tomb 2016XTM4

2017XTM3033出土陶器组合
Pottery assemblage unearthed from Tomb 2017XTM3033

The Taosi-north graveyard of the Zhou Period is located to the north of Taosi Village, about seven km to the northeast of the seat of Xiangfen County, Shanxi Province. It covers an area of ca. 240,000 sq m in total. In 2014 to 2016, the Shanxi Provincial Institute of Archaeology and other institutions carried out three seasons of rescuing excavation. They clarified five large-and-medium-sized tombs and twelve small-sized burials. To investigate the layout of the burial ground, in 2017-year, a broad excavation was carried out in the cemetery, which resulted in the discovery of 250-odd tombs and more than 90 sacrificial pits. The four-years archaeological work clarified 150-odd tombs and brought to light bronzes, pottery vessels, jade and stone artifacts, etc. Judged by the tomb form and the features of the unearthed artifacts, this cemetery must have been an aristocratic graveyard of the Jin State. Its excavation provided new material data for studying the burial institution and social condition of the Zhou Period.

河南新郑郑韩故城
郑国三号车马坑

NO. 3 CHARIOT-AND-HORSE BURIAL PIT OF THE ZHENG
STATE ON THE ZHENG-AND-HAN CITY-SITE AT XINZHENG
CITY, HENAN PROVINCE

郑国三号车马坑位于河南新郑郑韩故城东城内后端湾郑国贵族墓地的西北部，西距双洎河约300米。2017年2～11月，为配合车马坑景区的展示工程，经国家文物局批准，河南省文物考古研究院、新郑市旅游和文物局联合对三号车马坑进行了发掘。

该坑为近长方形竖穴土坑，口大底略小，四壁不规整，南壁中间略凸出，四角两侧有拱状脚窝。坑口南北最长11.7、东西最宽10.6、深5.9米。

上层填土为黄褐色五花夯土，厚约3米，圆形圜底夯，夯层厚薄不匀，厚0.1～0.25米，夯窝直径约4厘米。下层填土为多层从四周向中间倾斜的淤土层。淤土层土色发灰，质较硬而黏。含春秋时期陶片、炭粒、兽骨和少量烧土，说明该坑开挖时坑口所在区域存在稍早的春秋地层。从淤土层多层淤积的情况看，该坑埋葬时间是在多雨的秋季。

该坑叠压在战国文化层下，被4个灰坑、1座殉马坑打破，又被13个盗洞盗扰。盗洞主要集中在东北部和东南部。坑底已清出马骨124具。马骨呈头西、足南的侧躺式摆放，东西向5列，每列前后依次首尾相接。各列马骨前后肢骨或直或蜷起，置于邻马的躯干上或下边。只有第一列中间的12号马呈头东、足南的侧躺姿势摆放。坑底马骨密集，每列马大致从北端开始摆，稍显松

填土夯窝
Ramming traces

淤土层
Silted earthen layer

发掘现场
Excavation site

安车顶棚灰痕
Ash traces on a small-sized cart with seats in it

彩绘席痕
Traces of a color-painted mat

散，向南摆放近坑壁时，因马匹很多，摆放得很密，马肢骨蜷起幅度也越来越大，近南部坑边和东南角的马骨叠压2~3层。只在一匹马的面颊旁发现1对青铜马镳，其他马身上均未发现马具。

南半部马骨上残存有4辆拆车葬式的木车和5个车轮痕迹。1号车为大型安车，位于坑内的西南角，独辕弯曲、纵长方形带顶车舆形制，水平总长约4.2米。衡、轭与辕首斜靠在坑的西壁上，车顶塌卧在舆栏上，后栏部分露出。车舆的右后角被一盗洞盗扰缺失，余部保存基本完整。车顶近长方形拱状，坡状的多道3厘米直径圆形龙骨清晰，龙骨上蒙覆红色彩绘席，席痕清晰。席周边有多个直立的细长小棍形骨质车构件和少量长方形管状青铜车构件。骨车构件白色坚硬似象牙质地，直线状排列有序，可能为盖弓帽类。彩席顶

棚痕迹长约2.5、宽1.6米。因顶棚覆盖，舆栏仅能从席顶的凸起处推定，为纵长方形，长约2.2、宽约1.1米。侧栏只能清出车舆右前栏部分、前栏的中间部分，可知侧栏由宽、厚4厘米的方木条构成，下层为两层长方形网状结构，角柱高粗支撑拱顶。后栏中间有门，门顶与门框的拐角处和角柱的顶端均发现长方形管状或半管状的青铜车构件。车舆的南侧一车轮略斜靠在坑南壁上，有28根辐条，直径1.4米，没有郑国车常有的夹辅，当是1号车的车轮。在北轮北侧的第2~4列马骨上放置两辆小型立车，西为2号车，东为3号车。二车均素面，大小形制相同，均为独辕弯曲、近正方形的小型车舆，衡上挂有两轭痕，个别残有骨质绘花衡末饰和轭首饰；轼前有5条拱形撑支撑，下部舆栏为藤木穿成的两层长方形网状结构，上

车马坑全景
A full view of the horse-and-chariot pit

小型立车痕
Traces of a small-sized cart without seats in it

部近轼高处有一层扶手横栏；后舆栏两角各有一个斜拱撑，中间构成很宽的车门。舆底上有藤或竹编席痕。车水平通长近3、舆宽1、纵深约1、轼高0.5米。2号车衡、轭、辕首斜靠在坑西壁上，南侧一车轮近平躺压在马骨上，北侧一车轮斜靠在车舆上使右侧舆栏不能清出，辐条26根，直径约1.3米，此二轮当为2号车上的轮。3号车的衡压在2号车舆上，南侧被一车轮斜压使左舆栏不能清出，北侧东北角被另一车轮斜压，此二轮当为3号车的双轮，均有辐条28根，直径约1.2米。4号车位于1号车以东，由于此处是盗洞密集区，车辆被盗仅余长约1米、直径3厘米的木痕，从此处盗洞中出土较多的红色漆片的情况分析，此车也应是一辆安车。

从该坑马骨众多、排列密集却只摆放4辆车的情况，结合郑国主墓一般位于车马陪葬坑东侧的规律，可确定该坑确为东侧春秋晚期郑公大墓的陪葬坑，原设计可能专用来埋葬众多的马匹。但南北墓道塞满车后还有车不能放下，便将余下的4辆车放入坑中马身上了。

本次发掘重点突出多学科考古，动物考古、植物考古专家全程参与发掘，科学采集马骨、土样等标本近200个，获得了研究马种、颜色、年龄、性别、食性、寄生虫等的一手资料。现场鉴定表明，大量能确定性别的马均为七八岁的成年公马。发掘中由专业保护人员对填土、车痕、马骨进行了试验块观察后，及时对马骨与车痕进行了化学保护。

三号车马坑和郑公大墓共陪葬各种车辆48辆以上，马124匹以上，墓主当为春秋晚期一代郑公。出土的车辆和马骨之多，在我国东周考古发现中较为罕见，是研究我国周代车马葬制、葬俗、马匹特征等的重要材料。

（供稿：马俊才　李宏昌）

安车右前侧舆灰痕
Ashy traces of the right front box of a small-sized cart with seats in it

安车顶与构件
Top and structural members of a small-sized cart with seats in it

车轭与辕灰痕
Ashy traces of a yoke and a pole

车舆与车轮灰痕
Ashy traces of a cart box and a wheel

青铜车构件
Bronze structural members

The No. 3 chariot-and-house burial pit is located in the northwest of the Zheng State aristocratic grave-yard at Xinzheng City, Henan Province. From February to November 2017, in coordination with the exhibitory work of its scene, with the ratification from the State Administration of Cultural Heritage, the Henan Provincial Institute of Cultural Relics and Archaeology and the Xinzheng Municipal Bureau of Tourism and Cultural Relics carried out jointly excavation on the No.3 chariot-and-horse burial pit-site. This is a roughly rectangular earthen pit. It yielded 124 horse skeletons and four wooden chariots. The horses are laid sidewise with the head facing to the west, the feet pointing to the south and the skeletons ranged densely. It is a funeral pit of the Zheng duke tomb of the late Spring-and-Autumn Period. The tomb and its funeral pit yielded 48 chariots that belong to several types. The revelation of the large number of chariots and horse skeletons is a rare achievement among the Eastern Zhou Period archaeological discoveries throughout China. It provided important material for researching the burial custom and institution of funeral horses-and-chariots in Zhou Period China.

洛阳伊川徐阳墓地 2016～2017年发掘收获

ACHIEVEMENTS IN THE 2016 TO 2017 EXCAVATION ON THE XUYANG GRAVEYARD IN YICHUAN COUNTY, LUOYANG

徐阳墓地位于河南省洛阳市伊川县鸣皋镇徐阳村，中心地理坐标为北纬34°21′51.69″，东经112°13′09.51″，海拔283.3～291.5米。2013年发现并开展工作。截至2015年底，调查发现墓葬200余座，发掘清理墓葬3座、车马坑2座。

2016～2017年，洛阳市文物考古研究院共清理墓葬60座、车马坑2座、马坑1座，新发现车马坑8座，并对2座车马坑和1座大型墓葬实施整体搬迁，开展实验室考古。陪葬车马坑和部分墓葬填土中均发现有马、牛、羊的头、蹄殉牲习俗。

清理墓葬60座，其中西周墓6座、东周墓48座、宋墓6座。西周墓均为南北向长方形竖穴土坑墓，葬具均为单棺。大部分骨骼保存较好，仰身直肢，头向北，其中女性5人、男性1人。随葬的陶罐、鬲放置在头部上方，原应放置在棺顶上。普遍有在人的足部、头部或口内放置贝币的现象。随葬陶鬲或鬲、罐组合，个别伴出铜戈、泡等。16LYX东区M2，开口距地表1.02米，口长2.2、宽1.1、墓深1.06米。

东周墓均为长方形竖穴土坑墓，东西向为主，极少南北向。大中型墓葬葬具为一棺一椁，小型墓葬均为单棺，葬式除盗扰不明外，均为仰身直肢。部分中小型墓葬填土中发现有马、牛、羊的头、蹄殉牲现象。大型墓葬随葬铜礼器均为鼎、豆、缶、壶、盘、匜、舟组合，墓主随身配饰有玉覆面、料珠、玉器、金器等。中型墓葬随葬器物为铜或陶鼎、簋及陶罐组合，伴出铜镞、斧、双腹盒、镞、环、戈和砺石等。小型墓流行陶单耳罐、绳纹罐、盆和陶鬲、罐、盆组合随葬，伴出铜带钩、戈、镞以及砺石等。16LYX西区M6为大型墓葬，长5.6、宽4.4、深6.2米。一棺一椁，侧板腐朽，底板尚存，棺放置在椁底中部偏南，随葬器物有铜鼎、缶、壶、鬲、甗、豆、戈、盘、舟、匜、车軎辖和玉佩、玉琮、玉铲、鎏金铜牌饰、金丝耳环、骨贝等，还发现大量漆器朽痕。棺内发现人骨1具，头东脚西，仰身直肢，男性。脖下有鎏金动物形铜牌饰，两耳

2017年发掘现场
Excavation site in 2017-year

有金丝耳环，腹部以上放置有玉琮、玉铲、玉环等。随葬铜器放置在棺椁之间，头部棺椁之间疑似放置大量漆器，漆器内有骨贝等。中型墓7座，其中东西向6座、南北向1座。开口长3～4.5、宽2～3米，其中4座被盗扰，部分底部有棺椁痕迹，3座保存较好，由于墓底出水，葬具情况不明确。16LYX东区M4，东西向，长4.4、宽2.8、深3.6米。一棺一椁，椁痕长3.1、宽2.3米；棺痕长2.2、宽1.2米。遭盗扰，人骨仅存下肢，葬式、性别不明，随葬器物放置在棺椁之间，有铜戈、矛、镞、鼎、簋和骨贝、料珠等。16LYX西区M12，长3、宽2、深4.1米。因底部出水，葬具、葬式不明。随葬器物有铜鼎、簋、戈、矛、镞、双腹盒、镂、勺、环和陶罐等。16LYX西区M3，南北向，长3.25、宽2.1、深3.6米。一棺一椁，椁痕长2.87、宽1.54米，棺痕长2、宽0.7米。随葬器物放置在棺椁之间，有陶鼎、罐、豆、铜戈、铃和水晶串珠、玉坠、石圭等。16LYX东区M8，南部毗邻16LYX东区M2，近东西向，开口

距地表0.5米。口长3.4、宽2.1～2.2、底长3.4、宽2.11、深2.1米。填土为五花土，包含灰白土斑点，近底两侧填土中有大量马、牛、羊的头、蹄。该墓盗扰严重，随葬器物仅见陶罐1件。人骨扰乱腐朽严重，葬式、性别不明。小型墓以东西向为主，极少量南北向。开口长2～3、宽0.8～2米。大部分保存较好，均为单棺，仰身直肢。随葬器物或置于壁龛，或置于棺内。种类有陶、铜、骨、玉、石器等。陶器均为生活用具，有单耳罐、绳纹罐、圆腹罐、鬲、盆、杯等，单耳罐内均放置羊骨，鬲内放置猪骨。部分墓中还发现有用马、牛、羊头殉牲现象。16LYX西区M7，东西向，长2、宽0.9、深2.5米。棺痕长1.9、宽0.5米。仰身直肢，墓主为女性，约25岁。左侧小腿边放置有未成年小狗骨骼。随葬器物有陶单耳罐、绳纹罐、盆及骨珠等。16LYX西区M8，南北向，长2.76、宽1.48、深3.4米。棺痕长2.2、宽0.82～0.92米。人骨1具，仰身直肢，女性，约45岁。遗骸额头低平，有蒙古人种北亚类型体

征，遗骸边有未成年动物遗骸。随葬器物有陶单耳罐、绳纹罐、盆及铜带钩、玉饰、砺石、蚌刀等。16LYX西区M18，南北向，长2.6、宽1.35～1.55、深3.7米。单棺，棺痕长2.35、宽0.95米。人骨腐朽严重，性别不明。随葬器物有陶鬲、绳纹罐、盆及铜戈等。16LYX西区M11，东西向，长2.7、宽1.2～1.35、深3.4米。单棺，棺痕长2.63、宽1米。人骨腐朽，残存少量肢骨，仰身直肢，性别不明。填土西北角近底有大量马、牛、羊的头、蹄。随葬器物为陶鼎、豆、罐、盆等。

宋墓均为竖穴墓道土洞墓室，两人或多人合葬，随葬瓷碗、瓷罐、铜钱等。

发现车马坑10座，清理2座，其余实施整体搬迁。15LYX东区MK1位于15LYX东区M1西北20米，长方形竖穴土坑，东西向，坑口距地表0.4～0.55、东西长9.3、南北宽8.8米。发现车7辆、马18匹，其中2辆车前4马，2辆车前3马，2辆车前2马，1辆车前无马。车马坑北部发现大量马、牛、羊的头、蹄，排列规整，马头5排15个；牛头6排，因盗扰，总数不明，存19个；羊头6排37个。羊头之后散乱放置牛头3个、羊头6个。车马

饰件有马衔、马镳、脚蹬、当卢、骨管、骨贝等，马衔、脚蹬、当卢均为铜质素面。马镳有铜质和骨质，铜质皆为素面，骨质均饰有蟠螭纹。骨管皆为圆柱形，中空。骨贝皆装饰在马脸部两侧和马脖等部位。车均为木构单辕，仅见木质朽痕，车衡略有弯曲，骨管均在车衡附近，车身装饰极少，局部可见少量朱漆，车舆呈方形、圆形和长方形，车长3.2～3.4米，车衡约1.5米，轮径1.4～1.46米，轮距1.6～1.7米。16LYX东区MK2，长方形竖穴土坑，东西向，坑口距地表0.4～0.6米、东西长4.3、南北宽2.3、残深0.2米。底部有残存车痕，为二马驾车，车后置家犬1只。车马坑北部放置大量马、牛、羊的头、蹄。

马坑17LYX西区MK1，长方形竖穴土坑，东西向。长1.72、宽0.55～0.8、深0.5米。坑内发现马骨1具，无头，仰身。

徐阳墓地的发现，印证了东周时期戎人内迁的历史事件，使戎人遗存的文化面貌更加清晰，为今后深入探讨墓地的文化属性提供了更加翔实的考古资料。

（供稿：吴业恒）

16LYX西区M6
Tomb M6 in the west of Excavated Area 16LYX

15LYX东区MK1
Horse Burial Pit MK1 in the east of Excavated Area 15LYX

铜镈钟、铜编钟
Bronze *bozhong* bells with a plane opening and bronze *bianzhong* a chime of bells hung in series

铜鼎
Bronze *ding* tripod

"宗之钭" 铜勺
Bronze lad with the inscription "宗之钭"

铜簋
Bronze *gui* food-container

铜双腹盒
Double-bellied bronze box

铜鍑
Bronze *fu* large-mouthed
cauldron

牛头形铜带钩
Ox-head-shaped bronze
belt-hook

陶鼓腹罐
Swollen-bellied pottery jar

陶鼎
Pottery *ding* tripod

陶单耳罐
Single-eared pottery jar

陶罐
Pottery jar

陶鬲
Pottery *li* tripod

16LYX东区MK2
House Burial Pit MK2 in the east of Excavated Area 16LYX

16LYX东区M8
Tomb M8 in the east of Excavated Area 16LYX

16LYX西区M11
Tomb M11 in the west of Excavated Area 16LYX

17LYX西区殉马坑
Horse burial pit in the west of Excavated Area 17LYX

The Xuyang graveyard is located at Xuyang Village in Minggao Town of Yichuan County, Luoyang City, Henan Province. It was discovered in 2013-year. From 2016 to 2017, the Luoyang Municipal Institute of Cultural Relics and Archaeology carried out there a continuous archaeological excavation, which resulted in the clarification of 60 tombs, two horse-and-chariot pits and a horse pit, and in the discovery of eight horse-and-chariot pits. Among the tombs are six left over from the Western Zhou Period, 48 from the Eastern Zhou, and six from the Song Period. In the filled earth of the horse-and-chariot pits and part of the tombs, excavation revealed the custom of burying animal victims, such as heads and hooves of horses, cattle and sheep. The discovery of this graveyard evidenced the historical event of Rong people's migration to the interior of our country in the Eastern Zhou Period, brought to light still brighter cultural aspect of the Rong People and provided material data for the deep-going investigation of the graveyard's cultural affiliation.

宁夏彭阳

姚河塬商周遗址

YAOHEYUAN SITE OF THE SHANG AND ZHOU PERIODS IN PENGYANG COUNTY, NINGXIA

姚河塬位于宁夏回族自治区彭阳县，是由李儿河和小河、大河切割形成的塬地，地势北高南低、西高东低。该塬地分布着仰韶晚期、齐家、常山下层、商周、战国秦汉、北魏、隋唐、宋、清等时期的遗迹。

2017年4月，宁夏文物考古研究所联合陕西省考古研究院、甘肃省文物考古研究所、西北大学、北京科技大学等8家单位在彭阳县红河流域开展区域调查时发现了姚河塬商周遗址。该遗址位于塬地东部，约占整个塬地的三分之一，面积60余万平方米。北以李儿河南岸塬地的断崖为界，南抵小河北岸的塬地断崖，西以一条南北向自然冲沟为界，东到塬地尽头的断崖边并部分与小河湾战国秦汉遗址相交错。

目前，经考古钻探发现有墓葬、马坑、车马坑、祭祀坑、铸铜作坊、制陶作坊、池渠系统、路网、壕沟、墙体等遗迹。墓葬区位于遗址的北侧，是一处居葬合一类型的遗址。经勘探发现墓葬50余座、马坑5座、车马坑1座、祭祀坑1座、灰坑8个。现已发掘墓葬13座，可分为大、中、小三类，其中"甲"字形大墓2座、竖穴土坑中型墓6座、小型墓5座。"甲"字形墓为斜坡墓道，其中一座墓道口有殉人。墓室口小底大或口大底小，深13米，二层台及椁顶板放置被拆卸的车辆，出土青铜车器有轭、衡末饰、轴、軎、毂、伏兔、泡饰等，另有玉璧、骨梳、蚌器、甲骨等。M13墓道置于墓室南侧，在墓道的东西两侧、墓室西侧有过道与其他3个中型墓连通，过道未通至墓室底部，通过过道可以判断出各墓葬之间的早晚

关系。中型墓有棺椁、腰坑殉狗，出土鼎、觯、泡等青铜器，瓿、豆、罐等原始瓷器，柄形器、鱼、蝉、螳螂等玉器，还有骨簪、骨梳、骨珠、费昂斯珠、绿松石、玛瑙珠等。小型墓仅有一棺、腰坑殉狗，出土的象牙杯、梳篦、玉鱼、玉蝉、螳螂等雕刻精美。铸铜作坊区内出土车马器范、工具范、容器范，证明遗址的级别很高。

马坑5座，埋马分两层或多层，上层马骨散乱，下层埋马完整。竖穴土坑4座，其中大型马坑2座，埋马6～12匹；小型马坑2座，埋马2匹。另有刀把形马坑1座，埋马12匹，吻部均朝向北，刀把处为墓葬。经初步鉴定，所埋马匹主要为成年公马。车马坑1座，马匹在最底层，其上放置4辆车，均拆卸放置，车轮、车舆等置于坑壁下，出土铜轭、銮铃、泡、軎等车马器。祭祀坑呈直筒井状，深8.5米，最底部为一头部着地呈倒立状的人，系从上部扔下埋入。人之上为两个个体的散乱牛骨，骨头有砍砸肢解痕迹，再上有一完整蜷曲的绵羊，蹄骨有绑缚迹象。

大型"甲"字形墓葬M13墓道填土中出土卜骨1件。出土时正面朝上倾斜放置，北低南高。材质为牛肩胛骨，正反面均经刮治，上光。卜骨正面右下部分有一单钻未灼的钻穴，上部有3个经背面烧灼而裂开的兆痕。卜骨正面左侧有刻辞两行，计33字，合文2，总计35字。大意是有一个人率领了30个人到夜、宕、隻等地，可能是巡查、巡视，刻辞涉及1个人名和5个地名。背面有三联钻，并有灼痕。左侧有墨书文字，墨书文字的底部有一红色（朱砂？）线条。墨书文字和正面刻辞文字方向一致。

"甲"字形墓墓道东西两侧及墓室西侧有过道连通另外3座墓葬，以及马坑和墓葬呈刀把形的葬制，目前在西周考古中仅见于该墓地。从出土的陶片、青铜车马器、鼎、觯残件、陶范判断，该遗址从商代晚期延续到西周中期。墓葬均发现牛、羊、马等的头骨、肩胛骨殉牲，墓室底部有腰坑殉狗，具有殷遗民的特征。

姚河塬遗址是宁夏南部地区新发现的一处晚商到西周时期的大型聚落遗址，是目前发现的商周时期最西北的一处遗址。遗址中的西周时期高等级墓地、铸铜作坊、壕沟、墙体等遗存是宁夏境内的首次发现，出土的高领袋足鬲、原始瓷器、卜骨亦为目前出土的最西北者。比照在陕西周公庙、甘肃灵台白草坡等地的同类发现可以确认，此处为西周早期的贵族墓地，可能是一处未见于文献记载的西周封国。姚河塬遗址是近年来商周考古的重大发现之一，对研究探讨先周文化的起源和形成、西周王朝建立后对西部边缘地区控制管理模式，认识商周时期的西北边陲文化面貌和社会变迁具有重要价值。国内出土卜骨的遗址都是都邑性质，这印证了姚河塬遗址的级别很高，应与周王朝保持着密切的联系，对判断整个遗址属西周早期封国性质这一论断有着强有力的支撑。在遗址中不仅发现了非常丰富的西周文化遗存，还发现较多的商代刘家文化遗存，这是以往发现的遗址中所未见的。遗址出土的器物还可观察到商文化因素，并出土了属于北方地区文化、寺洼文化等不同类型的器物，说明在商周时期以该遗址为代表的彭阳及宁夏南部地区与不同区域都有较广泛的交流和联系。

（供稿：马强　侯富任　马天行）

M13（"甲"字形墓）与3个中型墓
Tomb M13（"甲"-shaped grave) and three medium-sized tombs

M4
Tomb M4

车马坑
Chariot-and-horse pit

车马坑局部
Part of a chariot-and-horse pit

刀把形马坑
Kitchen-knife-shaped horse-burial pit

马坑上层散乱马骨
Scattered horse bones in the upper layer of a horse-burial pit

小型马坑
Small-sized horse-burial pit

祭祀坑出土羊骨
Sheep skeleton unearthed from the sacrificial pit

祭祀坑出土牛骨
Ox skeleton unearthed from the sacrificial pit

祭祀坑出土人骨
Human bones unearthed from the sacrificial pit

卜骨出土情况
Oracle bone in clarification

铜鼎足
Leg of a bronze *ding* tripod

铜觯盖
Cover of a bronze *zhi* goblet

陶鬲
Pottery *li* tripod

陶罐
Pottery jar

陶钵
Pottery *bo* bowl

原始瓷豆
Protopororcelain *dou*
stemmed vessel

陶范
Pottery mould

陶范
Pottery mould

玉璧
Jade *bi* disc

玉柄形器
Stem-shaped jade object

玉鱼
Jade fish

玉凤
Jade phoenix

骨梳
Bone comb

象牙杯
Ivory cup

卜骨背面
Back of an oracle bone

贝壳
Shells

玛瑙珠
Agate beads

The Yaoheyuan Site is located in Pengyang County, Ningxia Hui Nationality Autonomous Region. It is a large-sized settlement-site left over from the late Shang to the Western Zhou periods and covers an area of 620,000 sq m. Archaeological drill-exploration revealed tombs, horse-, chariot-and-horse- and sacrificial pits, bronze-casting and pottery-making workshops, as well as the remains of a pool-and-canal system, a road, a canal and walls. The unearthed objects include bronze, jade, bone, shell and protoporcelain artifacts, clay moulds and an oracle bone. The large-sized "甲"-shaped tomb, bronze-casting workshop and oracle bone are the first discoveries in the Ningxia Region. This site may have belonged a Western Zhou Dynasty affiliated state that has not been recorded in literal documents. Its discovery has important value for investigating the cultural aspect and social change in the northwestern boundary area of China during the Shang and Zhou periods.

湖北宜昌
万福垴遗址

WANFUNAO SITE IN YICHANG CITY, HUBEI PROVINCE

万福垴遗址位于湖北省宜昌市白洋工业园区（原隶属于枝江市白洋镇万福垴村六组）。地处长江左岸的二级台地上，西北距宜昌市区35公里。地理坐标为北纬30°25′24.5″，东经111°26′50.9″，海拔58米。

2012年6月，宜昌市政公司在白洋工业园施工时挖出铜鼎1件、甬钟12件，其中一件甬钟刻有"楚季宝钟厥孙乃献于公公其万年受厥福"铭文，后经考古调查确认此处为一处西周时期遗址。随后宜昌博物馆对暴露的两个灰坑（H1、H2）进行清理，出土了一批西周中晚期的鬲、簋、盆、豆、罐等陶器。2013年，为了配合万福垴遗址文物保护工作，探讨早期楚文化起源等问题，湖北省文物考古研究所、武汉大学考古系、宜昌博物馆组成联合考古队，对万福垴遗址进行调查、勘探。确定了万福垴遗址分布范围为南北长980、东西宽575米，面积约56万平方米。仅见周代文化层，厚0.3～0.9米。

为了解甬钟出土地周临区域文化遗存的分布情况，2015～2016年，湖北省文物考古研究所对万福垴遗址进行了两次发掘。发掘地点为出土甬钟和铜鼎地点的南北两侧，发掘面积2200平方米。地层堆积分5层，第①、②层为近现代堆积层，第③～⑤层为周代文化层。清理遗迹140个，其中灰坑117个、灰沟8条、祭祀坑3座、墓葬9座、瓮棺葬1座、灶1个、陶窑1座。出土器物93件（套），其中铜器26件、陶器53件、玉器8件、水晶1件、石器5件。

灰坑平面多呈圆形或椭圆形，极少数近方形，另有少量不规则形。近方形坑多为直壁平底坑，可能具有特殊的用途，其他形状的灰坑多为口大底小的锅底状坑，部分深坑为平底。一般较浅，深0.3～0.4米，也有少数坑较深，H68深达2.1米。坑壁一般为自然边，几乎未见人工加工痕迹。灰坑填土一般为黄褐色沙土，较为致密，包含有草木灰及红烧土颗粒，越近底部草木灰或红烧土颗粒越多，还有较多动物腐烂痕迹。包含物极为丰富。

灰沟中值得重点关注的是G1、G2、G5及G7。G1、G2、G5均开口在第②层下，G5呈曲尺状，3条沟组合起来平面形状呈"冂"形，其范围内出土甬钟、鼎，并包含墓葬8座、祭祀坑3座。墓葬排列很有规律，分三排列于甬钟出土地点的南侧，墓地周边有一条沟围绕，应为一座小型家族墓地或一处祭祀场所，这对研究万福垴遗址埋藏特点与性质具有一定意义。G7出土了乳丁纹豆、豆、尊等磨光黑陶器，将遗址的年代上限提早到了西周中期。

墓葬均开口在第②层下，呈东北—西南成排分布，均为中小型土坑竖穴墓。从墓底腐朽痕迹看，葬具有单棺和一棺一椁两种。M7、M8为一棺一椁，其余均为单棺墓。骨架保存较差，从痕迹上判断头南足北，葬式为仰身直肢葬。随葬器物极少，仅有少数墓随葬日用陶器或装饰品。

日用陶器放置在棺外与椁之间，器形有鬲、簋、豆、折肩罐等，装饰品一般放在棺内墓主人头、腰及足部，器形有铜铃、玉管、玉玦、水晶玦、玉玲等。少数墓葬底部铺有朱砂。

瓮棺葬W1平面呈椭圆形，浅土坑墓，墓边周围及底部均为残破绳纹红陶片，未发现骨骼痕迹，葬式不明。

祭祀坑共3座。JK1平面呈长方形，直壁平底，坑底铺有一层较纯净极薄的草木灰，坑底中南部出土陶鬲1件，上有烟熏痕迹，应为实用器。JK2、JK3平面呈圆形，底平。这些坑坑壁或坑底均有一层经过火灼烧十分坚硬的红烧土面，但坑内未发现与祭祀有关的遗存。

万福垴遗址出土器物以陶器为主，铜器次之，还有少量玉、石、水晶器。陶器以夹砂褐陶为主，其次为泥质磨光黑皮陶，灰陶数量较少，还有极少的白色印纹硬陶。夹砂陶以绳纹为主，部分泥质陶也饰以绳纹，网格纹与方格纹也占一定比例。鬲、甗、罐、瓮、滤盂等器表常饰绳纹，肩部饰凹弦纹，将绳纹间断。折肩罐领、肩部打磨光滑，饰竖条或网格暗纹，腹部多饰交错绳纹，或上部绳纹下部网格纹，个别器物有乳丁。圆肩罐多饰绳纹或网格纹，釜均为夹砂褐陶，器表饰网格纹或方格纹。泥质磨光黑陶豆、簋等器表光滑，部分高领鬲的领肩部也经打磨，这类器物器表都饰有各式各样的暗纹，纹饰有宽带状竖条纹、窄条状竖条纹、斜条纹、网格纹、放射纹、卷云纹、S纹等。印纹硬陶器形多为

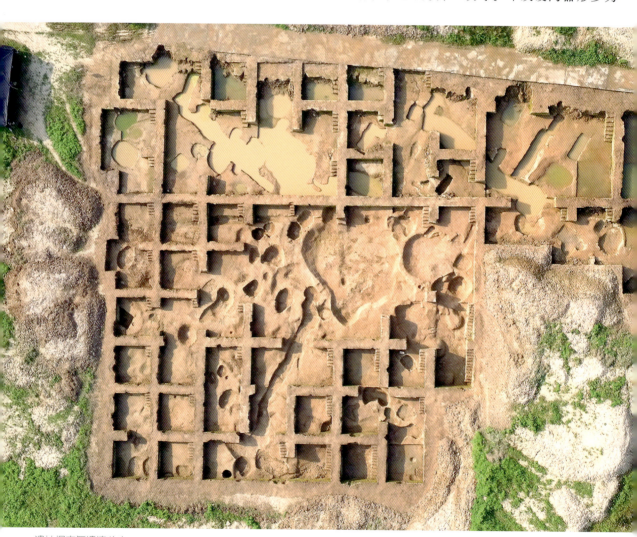

遗址探方与遗迹分布
Distribution of the excavation grids and remains of the site

釜，还有少量鼎。陶器基本组合为鬲、罐、簋、钵、豆、甗等。

万福垴遗址经过几次考古发掘，取得重要的收获。G1、G2、G5三条沟平面呈"门"形，沟内有排列规律的墓葬和祭祀坑，均开口在第②层下，12件铜甬钟和1件铜鼎也出土在这个范围之内，说明这些遗迹应是同一个时期的遗存。这批墓葬虽然数量不多，规模不大，随葬器物并不丰富，但有规律排列在"楚季"甬钟的南侧，表明这批墓葬经过规划布局。墓葬范围内还发现3座祭祀坑，坑壁均经火烧烤，这在与早期楚文化有关的遗址中属于首次发现。

本次出土的器物较多，文化内涵较为丰富。从陶器器类来看，墓葬与遗址出土器物区别不大，墓葬以鬲、簋、豆、折肩罐等实用器随葬，遗址的器类主要有鬲、簋、豆、釜、罐、盆、甗等。G7出土乳丁纹豆、豆、尊、器盖等磨光黑陶器，制作工艺精细，应属于陶礼器。这些器形最早见于殷墟的商文化晚期，在湖北荆南寺、毛家咀等西周遗址中也有出土。

经综合分析，万福垴遗址是西周中期到春秋中期楚国的一处重要遗址，它揭示出长江中上游以及沮漳河流域以西地区两周时期楚文化面貌，为我们研究早期楚文化起源和发展历程增添了一批新的实物资料，对研究早期楚文化与中原周文化、楚文化与峡江及鄂东北地区的地方文化的融合具有重要的学术价值。

（供稿：黄文新）

H90（南—北）
Ash-pit H90 (S—N)

铜甬钟出土情况
A bronze *yong zhong* bell with cylindrical handle on top in excavation

陶罐出土情况
A pottery jar in excavation

"楚季宝钟厥孙乃献于公公其万年受厥福" 铜甬钟
Bronze *yong zhong* bell with the inscription
"楚季宝钟厥孙乃献于公公其万年受厥福"

陶鼎
Pottery *ding* tripod

陶鬲
Pottery *li* cooking tripod

陶鬲
Pottery *li* cooking tripod

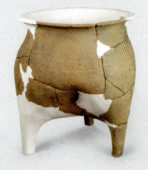

陶鬲
Pottery *li* cooking tripod

陶鬲
Pottery *li* cooking tripod

陶鬲
Pottery *li* cooking tripod

陶折肩罐
Carinate pottery jar

陶簋
Pottery *gui* food container

陶滤盉
Pottery *he* filter

陶釜
Pottery *fu* cauldron

陶簋
Pottery *gui* food container

G7（东北—西南）
Trench G7 (NE–SW)

JK1（西南—东北）
Sacrificial Pit JK1 (SW–NE)

M7全景（西南—东北）
A full view of Tomb M7 (SW–NE)

The Wanfunao Site is situated in Yichang City, Hubei Province. In 2012-year, it yielded a bronze *ding* tripod and 12 bells with cylindrical handle on top. To investigate the distribution of cultural remains around the bells' location, in 2015 to 2016, the Hubei Provincial Institute of Cultural Relics and Archaeology carried out excavation on the site, which covered an area of 2,200 sq m. The work clarified 117 ash-pits, eight ash-trenches, three sacrificial pits, nine tombs, an urn-burial, a kitchen range and a pottery-making kiln. The unearthed objects number 93 pieces or sets, embracing 26 bronzes, 53 pottery vessels, eight jades, a crystal piece and five stone tools. This is an important Chu State site of the times from the mid Western Zhou to the mid Spring-and-Autumn Period. The discovery revealed the aspect of the Zhou-Period Chu culture in the middle and upper valleys of the Yangtze River, as well as in the western valleys of the Ju and Zhang rivers. More over, it provided material data for researching the origination and development of early Chu culture.

湖北随州

汉东东路墓地发掘收获

ACHIEVEMENTS IN THE EXCAVATION ON THE HANDONG DONGLU
CEMETERY IN SUIZHOU CITY, HUBEI PROVINCE

汉东东路墓地位于湖北省随州市文峰塔社区二组、十组、十二组，坐落于一条东北—西南走向的岗地上，岗顶高出周边地面约30米，涢水及其支流溠水交汇于墓地西南部。墓地东至文化公园路，西达随州交通大道，东西长约1560、南北宽约50米，地理坐标为北纬30°42′45″，东经113°23′35″，海拔83米。墓地南端为文峰塔墓地，两地相距约150米。

为配合基本建设，2016年11月，湖北省文物考古研究所对该区域进行考古勘探。2017年6月，经国家文物局批准，湖北省文物考古研究所、随州市博物馆、曾都区考古队对勘探发现的

50余座墓葬进行了考古发掘。共发掘春秋时期墓葬39座、马坑2座，多数墓葬随葬有青铜器。

墓葬均为长方形竖穴土坑木椁墓，其中M129为"甲"字形斜坡墓道墓，M118为椁室上置覆斗形封土墓，M126为填土内夯实大量石块的积石墓。

M129开口于耕土层下，打破生土，方向115°。墓坑平面呈"甲"字形，分墓道和墓室两部分，残长12.2、墓口距地表0.9米。墓道位于墓室东部，斜坡状，坡度45°，东部破坏，残长3.5、宽3.4、残深0～1.2米。墓道内填土为黄褐色五花土，较为致密，未见夯层、夯窝及包含物。墓室平面呈长方形，东西长8.7、南北宽7.8

M76
Tomb M76

M81
Tomb M81

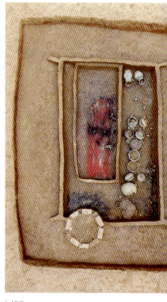

M85
Tomb M85

M81器物出土情况
Objects in excavation from Tomb M81

M92
Tomb M92

M81出土铭文戈与柲杆
Inscribed *ge* battle-axe and its shaft

铜鬲铭文
Inscription on a bronze *li* tripod

M110
Tomb M110

M110器物出土情况
Objects in excavation from Tomb M110

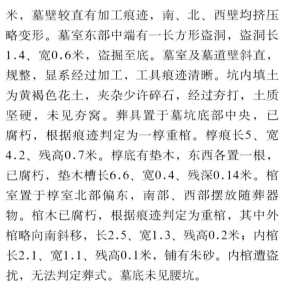

M81与M110（夫妇合葬墓）
Tombs M81 and M110, a husband-and-wife joint burial

米，墓壁较直有加工痕迹，南、北、西壁均挤压略变形。墓室东部中端有一长方形盗洞，盗洞长1.4、宽0.6米，盗掘至底。墓室及墓道壁斜直，规整，显系经过加工，工具痕迹清晰。坑内填土为黄褐色花土，夹杂少许碎石，经过夯打，土质坚硬，未见夯窝。葬具置于墓坑底部中央，已腐朽，根据痕迹判定为一椁重棺。椁痕长5、宽4.2、残高0.7米。椁底有垫木，东西各置一根，已腐朽，垫木槽长6.6、宽0.4、残深0.14米。棺室置于椁室北部偏东，南部、西部摆放随葬器物。棺木已腐朽，根据痕迹判定为重棺，其中外棺略向南斜移，长2.5、宽1.3、残高0.2米；内棺长2.1、宽1.1、残高0.1米，铺有朱砂。内棺遭盗扰，无法判定葬式。墓底未见腰坑。

M118开口于耕土层下，打破生土，为长方形竖穴土坑木椁墓，方向125°。墓口东西长4.9、南北宽4米，墓口至墓底约3.4米。口底同大，墓壁陡直，四周壁面较粗糙，不见加工痕迹。墓底平坦。墓室壁斜直、规整，显系经过加工，工具痕迹清晰。填土为黄褐色五花土，较为致密，未见夯层、夯窝及包含物。椁室位于墓坑中央，椁室之上有青灰细泥夯筑的覆斗形封土台，土台上部平面长约2.4、宽约1.6，下部平面长4、宽约3.2米，

土台高约0.8米。土台内部可划分出4层夯层，厚度不均。墓内土台四周为五花土，颜色为黄、灰、褐色，因受水浸，以灰色为主，土质较软，质地较细。土台内及椁室内为青灰细泥，颜色青灰，质地很细，土质松软。填土中发现少量带漆皮木头残片以及若干小石头。椁室长3.5、宽2.6、深约1米，椁室四角各有一榫头伸出，榫头长0.14、宽0.12米。椁底板共13块，每块长2.6、宽0.25米，厚约0.25米。棺室位于椁室北部，为重棺，因挤压变形而向西南倾斜，外棺长2.25、东侧宽0.8、西侧宽0.85、深0.7米，内棺长1.85、东侧宽0.5、西侧宽0.6、深约0.6米。外棺侧板厚0.1、内棺侧板厚0.08米。外棺侧板共5块，每块高约0.14米。内棺腐烂，其侧板构造不可知。垫木位于椁下部，紧贴墓壁，北部垫木宽0.2、南部垫木宽0.25、厚约0.25米，两垫木间距2.22米。随葬器物位于椁室南侧。人骨腐烂严重，无法判定葬式。根据玉玦出土位置判断墓主头向东。棺板内外侧均有漆皮，棺底铺有一层朱砂。墓底未见腰坑。

大型墓共13座，均为一椁重棺。随葬器物多为5鼎4簋或者4鼎1盏4簋。M81和M110为曾叔孙湛及夫人墓，M81出土铜器组合为鼎5、簋4、鬲4、壶2、簠2、纽钟9，在鼎、簋、鬲、壶、簠

M118
Tomb M118

M118器物出土情况
Objects in excavation from Tomb M118

M126
Tomb M126

上均有铭文"曾叔孙湛"。M110出土铜器组合为鼎5、簋4、鬲4、壶2、簠2、瓶2,在簋、鬲、壶、簠上均有铭文"湛作季嬴"。M85出土铜器组合为鼎4、簋4、鬲4、壶2、缶1、盏1、甗1、纽钟9。M118形制结构特殊,在椁室上置覆斗形土台,出土铜器组合为鼎4、簋4、鬲5、壶2、簠2、盘1、盉1、缶1、甗1、缶1。

中型墓共19座,多为一椁一棺,少数为一椁重棺。铜器组合多为鼎1、簋2、壶2、盘1、匜1。M76出土铜器组合为鼎1、簋2、壶2、盏1、盘1、匜1、纽钟5。M107出土铜器组合为鼎1、簋2、壶2、盘1、匜1、甗1。M113出土铜器组合为鼎1、盘1、匜1、盏1。

小型墓共7座,均为一椁一棺。随葬器物以陶器为主,部分随葬有兵器或车马,陶器主要组合有鬲、罐、壶或者鬲、罐。M112出土陶器组合为鬲1、罐1、壶2。

马坑2座,均发现有马骨痕迹,其中K3清理马头骨6个,K4清理马骨痕迹4个。

通过初步发掘,进一步确证了汉东东路墓地是一处春秋中、晚期的曾国高等级墓地。39座春秋墓葬时代相近,墓向一致,排列整齐,规划有序,相互之间未发现叠压打破关系。墓葬分布从南至北时代渐早,墓地布局较为严谨。器物组合关系明显,以鼎、簋和鼎、簠两种组合为主,配套有鬲、壶、盘、匜等青铜容器。目前已发现铜礼器400多件,其中有铭铜器90多件,部分铭文在曾国考古中首次发现。铭文主要有"曾公""曾""曾子""曾孙""曾叔孙""曾侯"等,据其铭文可知,墓葬国属为曾,据器物形制、组合、纹饰来看,年代应该春秋中期至春秋晚期。

39座墓葬和2座马坑时代清晰,出土器物组合明确,青铜器铭文详尽、国属明显,为进一步完善两周时期曾国世系、礼制、分封制度以及与中央王朝、楚国及其他诸侯国之间的关系,都城、疆域变迁等问题提供了资料。首次发现春秋中期曾侯实物资料,填补了曾国考古中不见春秋中期曾侯的空白,进一步完善了曾国世系。首次在春秋中晚期曾国墓地中发现较为明确的夫妻并穴合葬墓,M81(曾叔孙湛)和M110(湛作季嬴)。发掘出土多件组合完整的"曾叔孙"铭文铜器,符合周礼记载的宗法(仲伯叔季)制度,新见的"曾侯""曾叔孙"铭文,为研究春秋时期曾国的世系,曾国大宗、小宗的关系,曾国政治中心变迁等问题提供了新资料。

(供稿:郭长江 宋有志 后加升 郑文)

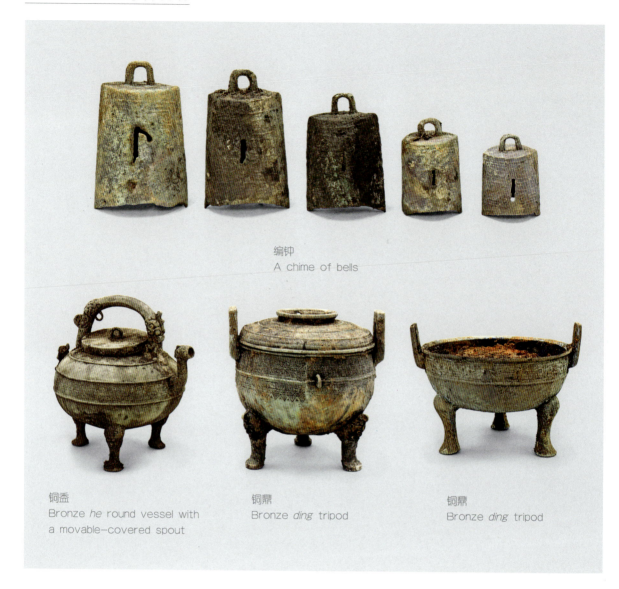

编钟
A chime of bells

铜盉
Bronze *he* round vessel with
a movable-covered spout

铜鼎
Bronze *ding* tripod

铜鼎
Bronze *ding* tripod

The Handong Donglu Cemetery is located at Wenfeng-Pagoda Community in Suizhou City, Hubei Province, lying ca. 150 m to the north of the Wenfengta burial ground. In June 2017, the Hubei Provincial Institute of Cultural Relics and Archaeology etc. carried there excavation. The work clarified 39 tombs and two horse pits and brought to light more than 400 bronze ritual artifacts, among which more than 90 pieces bear inscriptions, such as "曾,""曾子,""曾孙,""曾叔孙"and so on. Judged by the shapes, designs and inscriptions of the unearthed objects, this graveyard must go back to the times from the mid to the late stages of the Spring-and-Autumn Period. Being a monument distinct in date, clear in combination of funeral objects, exhaustive in inscription of bronzes and evident in state affiliation, the grave yard filled up the blank of the information on the Zeng Marquis of the mid Spring-and-Autumn Period. Moreover, it provided material data for further investigating the Zeng State's pedigree, ritual regulations, enfeoffment institutions and relationships with the central dynasty and other enfeoffed states and the changes of their capitals ,as well as territories.

陕西澄城

刘家洼春秋时期墓地

THE LIUJIAWA GRAVEYARD OF THE SPRING-AND-AUTUMN PERIOD IN CHENGCHENG COUNTY, SHAANXI PROVINCE

刘家洼墓地位于陕西省澄城县王庄镇刘家洼村西的鲁家河（洛河支流长宁河上游）东岸塬边，北距黄龙山约10公里。这里地处洛河与黄河之间的渭北黄土台塬北部，是关中与北方的交流通道，宗周与晋来往的交通要冲，秦与三晋争锋的重点区域。

该墓地2016年被盗，根据追缴文物判断，此处是一处等级较高的春秋墓地。经国家文物局批准，2017年2月，陕西省考古研究院与渭南博物馆、澄城县良周秦汉宫遗址文物管理所组成联合考古队，对墓地进行了全面勘探与抢救性发掘。同时对墓地所在的鲁家河流域进行全面系统的考古调查，取得了重要收获。

经钻探，刘家洼墓地南北长约110、东西宽约70米，总面积约7700平方米。共有墓葬56座、车马坑2座、马坑1座。最重要的是2座"中"字形大墓（编号M1、M2），东西并列，居于墓地中部偏东处。M1墓口面积约110、M2约80平方米，总长均约64米。两座大墓规模宏大，墓室大小仅次于同时期、同形制的甘肃礼县大堡子山的秦公大墓M2与M3，比曲沃晋侯墓M93、韩城梁带村芮公墓M27、洛阳体育场路C1M10122"亚"字形大墓（周王墓）规模大。据此推断，墓主人身份亦当为诸侯国君级别，地位应不亚于大国诸侯。其余墓葬皆为南北向长方形竖穴土坑墓，与大墓墓向一致。墓地以大、中

墓室
Burial chamber

型墓葬为主，应是包括最高统治者在内的一处贵族公共墓地。

在已完成清理的19座中小型墓中，共出土铜、金、铁、石、玉、陶、料珠、漆木等各类材质的器物300余件（组），以青铜器为主。青铜器主要包括礼器、车马器、兵器三大类。礼器有食器的鼎、簋、甗，水器的盘、匜，酒器有方壶。车马器数量最多，共50余件（组），包括马衔、镳、銮铃、车衡饰、车辖、軎等。兵器有戈、矛、甲胄、镞、钖等。除此之外，规模较大的墓葬还出土属于丧葬用器的铜翣，以及由铜鱼、铜铃、陶珠（石贝）组成的棺饰件。尤其是用翣，似是该墓地随葬用器的一个显著特点。金器共7件，包括虎形牌饰1件、牛首衔环饰2件，以及素面环与螺旋形金耳环，此类金耳环应为典型的北方民族的器物。它的发现，为探讨春秋时期关中与北方之间文化交流、族群互动与交融提供了新的证据。铁器为一件铜柄铁剑，这是继三门峡虢国墓地、曲沃晋侯墓地、梁带村芮国墓地之后中原地区出土的又一年代偏早的铁器，为探

讨中国冶铁技术的起源提供了新的资料。玉石器以圭和玦最常见，另有玉璧和玉琮各1件。出土五孔陶埙1件。初步统计，商周时期陶埙目前仅出土16件，且多集中在商代，春秋时期陶埙较为罕见。3座中型墓出土有漆木器，虽然木胎腐朽，但纹饰图案色彩清晰，个别器形尚可辨识。

除发掘所获外，已追缴的该墓地被盗文物多达402件（组），包括铜礼器、铜车马器、铜兵器、铜棺环以及玉器、玛瑙珠等，以铜器最多。铜礼器60余件，其中一级文物12件。另有石磬一套10件，其中9件形似动物，形制特殊，为首次发现。

在墓地北侧700米处，鲁家河东侧及上部台塬相接部分，勘查发现长500多米的断续相连的夯土墙，局部保存高度1.5米。夯土墙的下端，发现一段宽12米的南北向壕沟，试掘出土有大量春秋时期的绳纹板瓦和陶器残片。夯土墙与壕沟大致将整个沟梁合围构成一个相对封闭区域，总面积10余万平方米。其内采集到陶鬲、盆、罐、豆、三足瓮和板瓦等残片，勘探发现有大量灰坑

和板瓦建材堆。据采集标本特征判断，年代为春秋早期。特别重要的是，采集到一块陶范残块。在与墓地隔沟相望的鲁家河西的塬边与坡地，也发现有春秋时期的陶窑、灰坑、板瓦堆积及陶片分布。

刘家洼墓地出土铜器的器类、形制与王畿地区西周晚期的铜器相似，纹饰亦承续西周晚期以来流行的窃曲纹、重环纹、环带纹、交龙纹、瓦楞纹，没有出现新的纹饰，所以该墓地时代应为春秋早期。墓葬均为竖穴土坑墓，无腰坑与壁龛等特殊迹象。墓主仰身直肢，头朝北，普遍使用木质棺椁葬具，无殉人殉牲现象。与以往春秋时期周系墓葬，如侯马上马墓地、韩城梁带村芮国墓地等特征相类，而与秦人墓葬有别。出土铜器风格承袭西周晚期关中地区的铜器风格，与已知的同时期秦国铜器不同。礼器以鼎为核心的重食组合的特点也非常鲜明，出土铜礼器的墓葬均有铜鼎，礼器中鼎的数量最多。总而言之，无论是墓葬形制、葬俗特点，还是随葬器物的文化特征与组合关系，均与同时期典型周文化墓葬与出土器物相类，这表明刘家洼墓地的属性可归入周文化系统。

刘家洼墓地与居址在空间上相邻或靠近分布，年代接近，功能互补，等级匹配，可见墓地与居址为同一聚落的不同构成部分。这一聚落内发现有高等级建筑、铸铜与制陶手工业遗存，以及高等级墓葬与大体量的夯土墙、壕沟遗迹。选址特点、规模大小、遗存内涵，与关中西部发现的孔头沟、劝读、周公庙等西周高级贵族采邑类同。虽然目前尚未出土直接文字证据，加上文献记载阙如，我们尚无法对墓地及鲁家河春秋聚落的性质做出准确判断；但初步认定，这里是春秋早期某一周系高级贵族的封国或采邑。

这一封国或采邑的发现及其内部结构进一步的厘清，不仅加深了对关中东部周代遗存的了解，也有助于周代采邑封国的城邑形态、居葬模式、生业方式、社会组织等问题的深入探讨。同时，为进一步厘清区域内周代聚落分布模式与变迁提供了新的基点。在关中东部特别是渭北台塬区，沿洛河与黄河的支流上可能分布着多个或缘于西周贵族采邑或从西部东迁而来的小封国。

（供稿：种建荣　石磊　马金磊　刘百乾）

器物出土情况
Objects in excavation from a tomb

漆器
Lacquered artifact

石磬（追缴）
Qing chime stones (recovered)

铜鼎（追缴）
Bronze *ding* tripod (recovered)

铜壶（追缴）
Bronze pot (recovered)

铜簋（追缴）
Bronze *gui* food container
(recovered)

玉琮
Jade *cong*, a hollow
tube of cylindrical
section enclosed by
a rectangular body

陶埙
Pottery *xun* musical
instrument

铜柄铁剑
Iron sword with bronze hilt

玉玦
Jade penannular ring

铜棺环（追缴）
Bronze coffin ring (recovered)

金器
Gold artifacts

The Liujiawa Graveyard is located to the west of Liujiawa Village of Wangzhuang Town in Chengcheng County, Shaanxi Province. In February of 2017-year, the Shaanxi Provincial Institute of Archaeology and other institutions carried out there exploration and excavation. This burial ground can be firmly determined to cover an area of ca. 7,700 sq m, where the excavation discovered 56 tombs, two horse-and-chariot pits and a horse burial pit. The main tombs are large- and medium-sized graves, and the whole cemetery must be an aristocratic commom graveyard with the highest rulers' burial. The clarified 19 medium-and-small-sized tombs yielded more than 300 pieces or sets of bronze, gold, iron, stone, jade, glass, pottery and lacquered wooden artifacts, mostly bronzes. Outside the cemetery the excavators revealed remains of living places, including rammed-earth walls, a pottery mould, a pottery-making kiln and flat tiles, which are roughly the same as the lurial ground in date and were supplemented each other in function. The settlement and burial ground must have belonged to an enfeoffed state or vassalage of the early Spring-and-Autumn Period.

甘肃宁县石家墓群
2017年发掘收获

ACHIEVEMENTS IN THE 2017-YEAR EXCAVATION ON THE
SHI-SURNAMED NEIGHBOURHOOD GRAVEYARD-SITE IN
NINGXIAN COUNTY, GANSU PROVINCE

石家墓群位于庆阳地区马莲河以东、九龙河以南的早胜原上，现隶属于甘肃省宁县早胜镇西头村石家一组。自2016年甘肃省文物考古研究所对该墓地进行抢救性发掘以来，引起了考古学界的高度关注。

2017年，甘肃省文物考古研究所继续对石家墓群东部区域进行考古发掘，共清理东周墓6座，其中A型墓（大型墓）5座、B型墓（中型墓）1座，皆开口于耕土层或垫土层下，打破垆土层（西周层）。

墓葬形制均为南北向竖穴土坑墓，口大底小或口小底大，墓圹近底部周围多留有二层台。未盗掘墓葬葬具为一椁一（重）棺，个别墓葬四壁抹一层浅绿色涂料，以代替木板构筑椁壁，较为特殊。葬式明确者，仰身直肢葬、侧身屈肢葬

各1座。个别墓葬填土内发现大量动物骨骼，分布未见规律，可能由于此墓二次被毁所致。这些骨骼主要为腿骨、颌骨等，种属初步鉴定有马、狗，并伴出有石璧、石璜、石饼形器等。

随葬器物组合以铜礼（容）器、车马器、丧葬器及墓主近身之物等为主。其中两座未被盗掘的墓葬（M216、M218）皆为七鼎。M216还随葬微型器，种类繁多，包括食器、酒器、水器，模仿生器特征，铜器多制作粗糙，纹饰有重环纹、夔龙纹、瓦垅纹、弦纹等，另有部分器物为素面，应属于明器范畴。M218铜礼（容）器置于椁室南部，较特殊，在此墓群已发掘墓葬中尚属首例。

整车殉葬共发现2例，皆置于椁盖之上，车辕朝北，车辕一侧发现残留车毂铜饰件，包括辖、軎、辀、轵。拆装形式木车殉葬发现1例，置

M40椁室
Burial chamber in Tomb M40

M218椁室
Burial chamber in Tomb
M218

M218椁室南端青铜器出土情况
Bronzes in excavation from
the southern end of the burial
chamber of Tomb M218

于椁室内，车马构件多不全。

丧葬器中铜翣在大型墓中皆有发现，基本均置于椁室东、西两侧。棺饰遗存中新发现疑似棺罩、荒帷、棺架等。如M216外棺范围内由东至西发现3条南北向木板痕迹，高于外棺盖板，又被东西向棚木所叠压，与串饰四周木条遗存共同组成木质框架，其均在外棺顶部以上，似一棺罩，可能与文献记载的"墙柳"形制相吻合。外棺顶部发现纺织品痕迹，以红、黑颜料作画，纺织品腐朽后所剩图案类似云气花纹的图样，其位置紧贴棺身，可能是文献记载的"褚"之遗存。外棺顶部一铜翣上及串饰表面多发现有经纬结构的纺织品残痕，上以红、黑颜料绘斜向几何纹图案，因它们高于外棺顶板，可能是文献上所载的"荒帷"遗存。部分墓葬棺饰组合保存相对较好。以M40为例，由石磬形饰、陶珠、费昂斯

珠、石贝、铜铃、铜鱼组成，石磬形饰、石贝各两两成组，陶珠或夹杂个别费昂斯珠以四个呈一线排列。悬挂排列上，石磬形饰组单独悬挂；陶珠（夹杂个别费昂斯珠）组置顶端，与末端衔接的一对石贝组成复合式珠贝组合；铜鱼两两成组，各组内两铜鱼形制各异，鱼尾夹角呈尖角或弧角，大小不一，头朝上，每间隔一小段距离悬挂；铜铃内外两道各悬挂1件，每隔一段较大距离出现。木棺之下发现有棺架遗存，如M257椁室扰土下发现厚近1米淤土层，土色发黄，土质质密较纯净，未发现任何遗迹现象及出土物，淤土层下见椁室底板，东西向平铺，椁室东、西两侧近底部发现数根南北向木板，叠压于椁室底板之上，初步推测，残留的南北向木板是承托木棺之用，类似于棺架。

墓主近身之物有组玉串饰，构成一定形状

M216外棺盖板上的"褚"遗存
Remains of the textile for covering the utter coffin in Tomb M216

M216内棺盖板上出土组玉串饰
Strung jade ornaments unearthed from the covering board of the inner coffin in Tomb M216

M257椁室西侧出土荒帷遗存
Remains of the funeral-process-used coffin-covers unearthed from the western side of the burial chamber in Tomb M257

M257椁室西侧出土饰棺串饰遗存

Remains of a strung jade ornament unearthed from the western side of the burial chamber in Tomb M257

置于墓主身上或棺盖板上。如M216内棺盖板上发现组玉串饰4组，其中东西两端组玉串饰为两行，呈南北向线性分布，西端组玉串饰由绿松石珠（片）、玉觿、条形玉饰件、米粒状铅白珠饰组成，东端组玉串饰仅由米粒状铅白珠饰组成；内侧北部组玉串饰呈环形分布，由玉牌饰、玛瑙珠、玉鱼、玉觿、箸状玉饰件等组成；内侧南部组玉串饰部分区域被玉瑗叠压，呈南北向线性分布，由费昂斯珠、"凸"字形玉饰等组成。另外M218墓主身下或棺盖板上发现铜戈、铜钺一类兵器，且多人为有意识折断。

M40椁室西侧出土饰棺串饰遗存

Remains of a strung jade ornament unearthed from the western side of the burial chamber in Tomb M40

2017年发掘的东周墓，出土器物特征上，铜鼎腹部由深变浅，由圜底趋向平底；铜戈直内，圭形锋，援部较平，内与援基本等宽；车马器曹、衡末饰作圆筒形；铜器纹饰流行波带纹、重环纹、夔龙纹（早期转角处圆弧，晚期出现方折）、垂鳞纹、窃曲纹等；玉器可见玦、觿、环、戈、圭等，饰有双龙首纹饰；普遍流行使用丧葬器铜翣、棺饰等。因此，这批墓葬的年代应集中在春秋早、中期。

石家墓群是首次在庆阳地区发现的春秋时期高等级贵族墓地。墓地区域位置重要，地处泥阳古道干线上，南接唐古道，直通彬县境内的"丝绸之路"，马莲河自北向南跨越整个庆阳，在长武附近与"萧关道"会合，连接北方草原文化与中原农耕文明，东侧以纵贯南北的子午岭为主脊。从大的历史背景来看，该墓群所在的泾河上游地区，在西周时期被纳入王室行政管理地域之内，而随着周王朝的衰弱至灭亡，周王室对该地区掌控逐渐减弱乃至失控，这一地区在东周时期又成为周余民、戎狄（义渠）、秦人相继角逐的历史舞台。对应在石家墓群的文化内涵上，除主体特征为周文化外，另包含北方草原文化、秦文化等因素。因此，宁县石家东周墓群的新发现，无疑为探讨东周时期的文化传播、民族融合及互动提供了新材料。

（供稿：王永安 张俊民）

铜鼎（明器）
Funeral bronze *ding* tripod

铜方壶（明器）
Funeral square bronze pot

铜鬲
Bronze *li* cooking tripod

铜方壶
Square bronze pot

铜甗
Bronze *yan* cooking vessel

铜簋
Bronze *gui* food container

铜虎饰
Tiger-shaped bronze ornament

玉瑗
Jade *yuan* disc with a large central opening

条形玉牌饰
Tabular jade ornaments

The Shi-surnamed Neighbourhood Graveyard is located on the Zaosheng Grassland that lies to the east of the Malian River and to the south of the Jiulong River. Presently this area is affiliated to the First Group of Shi-surnamed Neighhood at Zaosheng Town of Ningxian County in Qingyang Region, Gansu Province. In 2017-year, the Gansu Provincial Institute of Cultural Relics and Archaeology carried out excavation in the eastern area of the burial ground. They clarified six Eastern Zhou Period tombs, which are all earthen pits with the central axle pointing to the south and north, the interior is furnished with second-tier platforms along the walls and contains a coffin in the burial chamber.

The funeral-object assemblage is formed mainly of common or ritual bronze or pottery vessels, horse-and-chariot trappings and artifacts for funeral procession and entoming (streamer and coffin decorative objects). This graveyard is so far the only discovered high-ranging aristocratic burial ground of the Spring-and-Autumn Period in Qingyang Region. Being complex in cultural aspect, it contains not only elements of the Zhou culture as the main part, but also those of the Qin and grassland cultures. Its excavation provided new material data for researching cultural spread, ethnic amalgamation and mutual promotion among the relevant ethnic groups in the Eastern Zhou Period.

山西榆社
偶尔坪遗址2017年发掘收获

ACHIEVEMENTS IN THE 2017-YEAR EXCAVATION ON THE OUERPING SITE IN YUSHE COUNTY, SHANXI PROVINCE

偶尔坪遗址位于山西省晋中市榆社县河峪乡西周村西南的冲沟间台地上，地处太行山中段西麓，浊漳河北源流域，古属北上党地区。自2017年5月始，为配合太焦高铁（山西太原至河南焦作）榆社段的地下文物保护工作，经国家文物局批准，山西省考古研究所、晋中市考古研究所和榆社县文物局联合对遗址进行了发掘。发掘情况表明，偶尔坪遗址地层堆积较简单，但文化内涵丰富，已发掘遗迹有小型墓葬、灰坑、灰坑葬、半地穴式房址、陶窑、地下建筑遗存、一号夯土建筑基址和夯土城墙基址等70余处，时代从战国早期延续到战国晚期。

早期遗存主要有墓葬、灰坑和半地穴式房址等。墓葬16座（编号M1～M14、M17、M18），均为长方形小型竖穴土坑墓，南北向，一棺一椁，单人葬，仰身直肢或仰身屈肢，头向北。随葬陶器有鬲、盆、豆、罐、钵、盂、匜等，组合不一；其他随葬器物有铜环、铜铃、铜带钩、骨管、骨笄、玉柄形器、漆杯等。其中有14座墓成排成组，应是血缘家庭的族

墓地，墓主身份应为下士或平民。部分墓葬与4座地下建筑遗存交错分布且有打破关系，时代早于地下建筑遗存。早期灰坑和半地穴式房址集中分布于夯土城墙基址和一号建筑基址之间，有的被两组基址所打破。灰坑14个，均为不规则取土坑，半地穴式房址3座，均为小型圆形袋状坑，出土物主要为灰陶片，均属日用陶器，可辨器形有鬲、盆、豆、罐、甑等。

中期遗存主要有地下建筑遗存、夯土城墙基址和一号夯土建筑基址等。地下建筑遗存共4座，位于发掘台地西部，现主要残存地下部分，其中F1～F3为石砌建筑，F4为夯土木构建筑。这四座地下建筑遗存彼此相邻，根据开口层位、相对位置和营建方式，推测它们为同一时期遗迹，时代可能晚到战国中期。

F1分地上和地下两部分。地面土圹开口平面呈南北向长方形，长9.1～9.38、宽4.8～5.14、自深1.5～1.6米，总面积约46平方米。地上有堆置成长方形的积石，除四角外积石较乱，或为晚期扰乱所致，积石西侧残留有筒瓦作为围挡的台

F1～F4分布情况
Distribution of Nos. F1 to F4 house-foundations

F1地下部分
Underground part of No. 1 house-foundation

F4室内地面解剖情况
Selective excavation on the inner ground of House-foundation F4

M11
Tomb M11

F2、F3（南—北）
House-foundations F2 and F3 (S-N)

灰坑葬K2
Ash-pit Burial K2

阶，推测门原应朝西开；地下残存有河卵石垒砌的厚实墙体和积石基础，未发现明显的活动面。由于地下分为南北两室，推测地上可能原有南北两间，室内现已填满乱石及花杂土。

F2、F3现均存地下部分。F2土圹开口平面呈东西向长方形，长8.04、宽5.64、自深3.1米，总面积约45平方米。F3土圹开口平面呈南北向长方形，长9.55、宽5.74、自深约3.9米，总面积约55平方米，北半部分被F2打破，尚存底部积石基础。二者具体营建方法均为在土圹内用河卵石垒砌厚实的积石墙体和积石基础，基础上有明显的夯土活动面。积石墙内填满乱石，F2乱石间填土中出土大量陶片，以绳纹筒瓦及板瓦为主，也有少量陶砖，生活用具较少，铁器有环首刀、锛、铲、凿等，铜器有"安阳"布币，骨器有笄等；F3乱石间填土中出土少量陶瓦片和陶搓、铁铲、环首铁刀、"皮氏"铜方足布、有孔蚌刀等。

F4为保存遗迹最丰富也是规模最大的一座，现亦仅存地下部分。土圹开口平面呈东西向长方形，长8.6～8.9、宽7.5～8.45、自深3.1～3.2米，总面积约70平方米。具体营造方法是在土圹内周边夯筑宽厚的夯土，中部起建木构建筑，建

筑四壁和地面均以木材营造。从残留木构朽痕看，东西壁为竖排木板，南北壁为竖排圆木立柱；转角处尚存卵石礓墩，显示其上或有立柱；室内活动面为先铺设南北向方条木，再平铺南北向木板，其下有平整的积石基础。打破F4中部的大灰坑H13可能与建筑室内塌陷有关。

夯土城墙基址和一号建筑基址位于发掘台地东部，二者并排呈北偏西走向。东侧为夯土城墙基址，其东缘紧邻冲沟，被破坏严重，残长约38.3、残存最宽约5.15、残高约0.5米。结合遗址周边调查情况，推断其应为城址的东城墙残段。

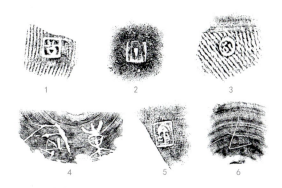

陶片上的文字和刻划符号拓片
Rubbings of the inscribed characters and incised marks on pottery shards

一号建筑基址和夯土城墙基址残段
Remains of No. 1 building-foundation and rammed-earth city-wall

一号建筑基址磉墩和西缘排瓦式包边遗迹
Pedestals on the No. 1 building-foundation and the remains of the tiles-covered surface of its western wall

夯土城墙基址东缘排瓦式包边遗迹（东—西）
Remains of the tiles-covered eastern surface of the foundation of rammed-earth city-wall (E—W)

西侧为一号建筑基址，狭长，分段夯筑，多有折拐，附属遗迹有石垒磉墩2处和卵石打底、瓦片铺面的墁道1条，基址已揭露部分残长约132、残存最宽约10米。值得注意的是，在夯土城墙基址东缘和一号建筑基址西缘发现有多处成排倚立的扣合整齐的筒瓦及板瓦用以包边，性质难辨。

晚期遗存主要有墓葬、灰坑、灰坑葬、陶窑

等。墓葬2座（编号M15、M16），均为小型竖穴土坑墓，南北向，单人葬，仰身直肢或仰身屈肢，头向北。灰坑14个，多为不规则取土坑。灰坑葬，是该遗址晚期地层或灰坑中常见的现象。明确有灰坑单位的4座，坑内埋有单人或双人；地层中单位不明确的人骨也发现不少，死亡形态各异，男女皆有，死亡年龄集中在青壮年，可能是战争遗存。陶窑1座，仅保留馒头形窑室和部分工作面，有一部分火膛利用了F2的回填积石，窑床面积较小，未发现烧制产品，或为烧制日用陶器的场所。

晚期遗迹及文化层中出土器物主要为灰陶片，以绳纹板瓦及筒瓦等建筑构件为主，罐、盆、钵、豆、盘、甑、鬲、釜等生活用具次之，还有少量纺轮、网坠等工具。生活用具陶片上发现不少陶文，其中戳印文字有"公""家"等，以"公"为主，刻划文字有"东厝""丁"等，刻划符号有"＋""×"等。其他遗物如铁器有锛、铲、凿、斧、环首刀等，铜器有布币、带钩等，石器有球、斧、锤、铲等，骨器有笄、锥等，蚌器有刀、镰等，另见有少量牲畜骨骼。

偶尔坪遗址的发掘，为上党地区战国时期葬俗葬制、建筑类型、城邑沿革及社会历史背景的研究提供了重要资料。其中，4座大型地下建筑遗存的结构及营建方式均较特别，在以往的考古发掘中极为罕见，对战国时期地下建筑的形制、工艺及使用功能的研究具有极高价值。据《左传》记载，东周时将地下建筑（即地下室）称作"堀室"或"窟室"，"堀"古同"窟"。就现存情况看，其营建显然追求"坚实、荷重、隐蔽、防潮"等特性，应非人居之所，可能是用来藏匿财物的仓窖。另外，如此规模的地下建筑遗存的营建绝非易事，非一般人可为，其背后势必有强大的政治、经济或军事力量支撑。夯土城墙基址和一号建筑基址"排瓦式"包边的做法，亦前所未见，其功能性质难以判断，推测可能用作排水，以保护夯土边缘不被冲毁。

此外，通过本次发掘，并结合前期对遗址周边区域的调查结果，基本可以确认此处在战国中晚期曾建有城邑，台地东部发现的夯土墙体应为城址的东城墙基址，其可能与战国时期赵国的"涅氏"有关，或为"涅氏"的一个邑，具体结论还需进一步论证。

（供稿：王俊　贾志斌　穆文军）

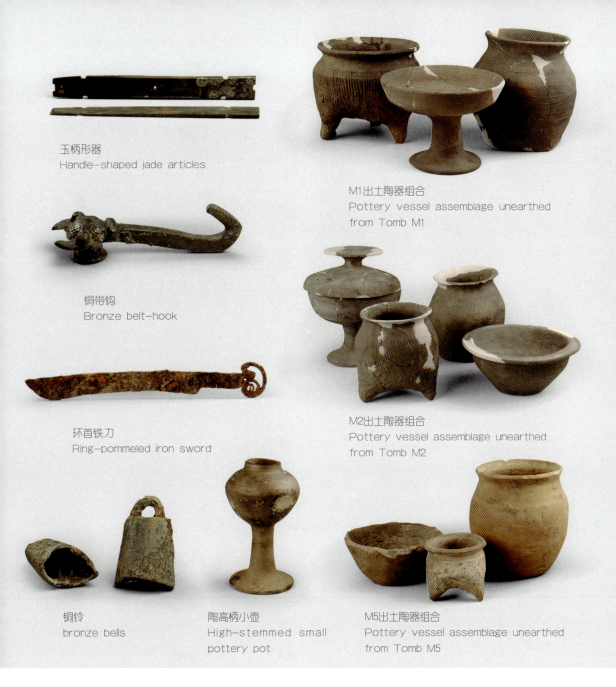

玉柄形器
Handle-shaped jade articles

M1出土陶器组合
Pottery vessel assemblage unearthed
from Tomb M1

铜带钩
Bronze belt-hook

M2出土陶器组合
Pottery vessel assemblage unearthed
from Tomb M2

环首铁刀
Ring-pommeled iron sword

铜铃
bronze bells

陶高柄小壶
High-stemmed small
pottery pot

M5出土陶器组合
Pottery vessel assemblage unearthed
from Tomb M5

The Ouerping Site is situated on the terrace to the southwest of Xizhou Village in Heyu Township, Yushe County, Jinzhou City, Shanxi Province. From May 2017, the Shanxi Provincial Institute of Archaeology carried out excavation on the site. The results show that the stratigraphic accumulations are relatively simple but the cultural contains are rather rich. The opened remains embrace small-sized tombs, ash pits, ash-pit burials, semi-subterranean house-foundations, pottery-making kilns, underground building-foundations, No. 1 rammed-earth building-foundation and city-wall foundation etc., numbering more than 70 units in total. In date they go back to the times from the early to the late stages of the Warring-states Period. Among them the four units of underground building-foundations and the No. 1 rammed-earth building-foundation are the most important discoveries. The excavation on the site provided important material data for investigating the Warring-states Period burial custom and institution, buildings types, the change and development of cities and the like in the Shangdang region.

河北雄安新区考古调查及南阳遗址发掘收获

ACHIEVEMENTS IN THE ARCHAEOLOGICAL SURVEY THROUGH NEW XIONG'AN DISTRICT, HEBEI PROVINCE AND IN THE EXCAVATION ON THE NANYANG SITE

为贯彻落实习近平总书记关于建设雄安新区的重要指示精神，切实做好雄安新区文物保护和考古工作，根据国家文物局、河北省文物局的部署和要求，河北省文物研究所与中国社会科学院考古研究所、故宫博物院、中国国家博物馆等单位组成联合考古队于2017年6～12月对雄安新区全域进行了考古调查，并对南阳遗址进行了考古勘探和试掘。

雄安新区位于太行山东麓、冀中平原中部，地处北京、天津、保定腹地，属山前平原地带，西高东低，地势开阔，规划范围涉及河北省雄县、容城、安新3县及周边部分区域，面积约2000平方公里。自新石器时代早期开始，该地区一直属于人口密集区，境内古文化遗存丰富，是河北古文化遗存分布最密集的地区之一。

本次调查共登记各类文物遗存263处，包括遗址189处、墓葬43座、古建筑14座、近现代文物17处，自新石器时代开始，延续不断，其中全国重点文物保护单位3处、省级重点文物保护单位7处。地下埋藏遗存尤以新石器时代、战国、汉代为多，涉及城址、聚落址、墓葬、窑址等；地上遗存则多为明清时期建筑、碑刻及近现代革命史迹。目前，调查资料已全部完成数字化平台登录。

本次调查发现新石器时代中期前仰韶时代遗存包括安新留村遗址和容城北城遗址、北庄遗址、沟西遗址等，新石器时代中期仰韶时代早期遗存包括安新留村遗址，新石器时代中期仰韶时代中期遗存有任丘三各庄遗址，新石器时代中期

仰韶时代晚期遗存包括容城午方遗址及东牛、沟西、南庄遗址，新石器时代晚期仰韶时代末期遗存有容城上坡二期遗存，新石器时代晚期遗存包括容城河西、安新申明亭、涞城遗址等。上述遗址代表了白洋淀地区史前文化发展的不同阶段，是研究这一地区史前文化的年代标尺，对研究白洋淀地区新石器时代文化的遗存编年、人地关系、生业模式、环境变迁、文化发展与传播具有重要意义。夏、商、西周三代，华夏王朝鼎盛于中原腹地，地处古黄河下游的雄安地区介于华夏与戎狄之间，属于中原王朝的北疆。调查发现的安新辛庄克遗址、白龙遗址、午方遗址正是夏时期考古学文化的代表。以黑龙口长城为代表的燕南长城，是战国时期燕和中山的分界线，是河北境内最早的长城之一，对研究长城的肇建有着重要意义。本次调查还发现了数量众多的战国、汉代遗址以及汉代墓群。鄚州古城地表仍残存城墙200余米，对研究汉代城市布局有重要意义；白龙墓地规模大、墓葬形制多样、延续时间较长，对了解该地区的葬制、葬俗有重要价值。北宋时期，宋辽以白沟河为界对峙相持，发现有地道等遗存，而反映榷场文化和商业文化的古遗址是这一时期最具特色的文化遗存。元明清时期的山西村明代古塔、赵北口清代戏楼等建筑保存完整，具有地域时代特征。同时，作为"畿辅屏障"的雄安地区，在明代时大规模修筑城池，代表遗存有新安城、安州城、雄州城遗址等。近现代的白洋淀打包运船遗址、端村惨案遗址、纪念碑

等，是雄安新区红色文化遗产的代表。

南阳遗址位于雄安新区容城县晾马台镇南阳村南20米，地理坐标为北纬39°02′27.3″，东经115°59′52.5″。遗址南北长1000、东西宽900米，面积90万平方米，北部为高0.5～2.5米的台地，由东北向南逐渐低缓平展。南阳遗址是雄安新区内保存面积最大、文化内涵较丰富的一处古遗址，20世纪六七十年代，遗址周围出土"西宫"铭文蟠螭纹铜壶、长方形附耳蹄形足铜鼎等，有学者指出其为春秋时期燕桓侯徙"临易"。为廓清遗址分布范围、遗存堆积状况及文化内涵，2017年6～12月，河北省文物研究所对南阳遗址进行了考古勘探、试掘，勘探面积48万平方米，发现了以南阳遗址为中心的面积18平方公里的东周至汉代聚落集群区，遗迹包括城址1座、夯土建筑台基23座、灰坑461个、路3条，揭露面积500平方米，解剖东西向南城垣1处，清理灰坑42个、沟3条、窑址1座、墓葬5座、路1条，出土陶、铜、铁、骨、石器等。

城址平面近方形，边长730米，面积约52万平方米。城址地上城垣基本不存，仅余地下夯土基槽，宽15～22、深0.8～1.8米，南城垣保存较好，东城垣破坏严重，西、北城垣大部分被南阳村叠压。经对南城垣解剖可知，地下基槽上口宽22、下口宽19、深1.1～1.4米，斜壁，平底，底部南北两侧各分布两个"倒梯形"基槽，上口宽1.7～2.7、下口宽0.7～1.1、底部距基槽底面0.8～1.3米。地下基槽自北至南大致由6块夯土板块错落叠压依次分别夯筑而成，夯层厚0.06～0.18米，夯土夹杂遗物较少，可辨器形有长方形素面砖块、绳纹板瓦残片（内饰麻点纹）、圆唇翻沿上翘夹蚌红陶釜残片、方唇折沿盆口沿等，推测城垣年代上限不早于战国末期。

西南发掘区经初步整理，文化遗存分为早、晚两段。早段遗存陶器以泥质灰陶为主，另有夹蚌红陶、夹蚌灰陶；纹饰以素面为主，绳纹次之，还有

南阳遗址南城垣解剖沟（北—南）
Selectively-excavated trench in the southern city-wall on the Nanyang Site （N-S）

南阳遗址南城垣夯窝清理现场
Clarification of the ramming traces in the southern city-wall on the Nanyang Site

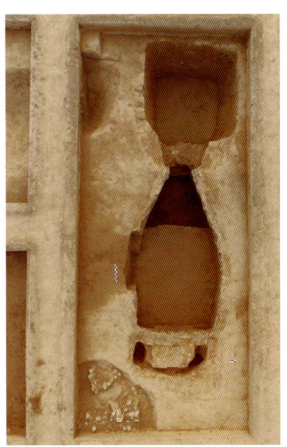

南阳遗址Y1
Kiln-site Y1 on the Nanyang Site

山西村明代古塔
Ming Period tower at Shanxi Village

瓦棱纹、交错绳纹、菱格纹、磨光暗纹等；典型器有尖圆唇翻沿上翘筒腹釜、方唇卷沿弧腹圜底釜、方唇宽折沿釜、深腹碗形豆、尖圆唇浅腹平盘豆、折腹碗等。此段遗存相对年代为战国末期至西汉早期。晚段遗存陶器以泥质灰陶为主，另有泥质褐陶、夹砂灰陶、夹蚌灰陶；纹饰以素面为主，绳纹次之，还有布纹、菱格纹、长圆圈纹等；典型器有圆唇折沿筒腹釜、方唇卷沿斜腹圜底釜、厚叠唇溜肩小口瓮、折沿三足炉、折腹碗等。此段遗存相对年代为西汉中晚期至两汉之际。

本次考古调查，全面掌握了雄安新区境内文物遗存的总体分布情况，为雄安新区文物保护利用提供了基础支撑和依据，为进一步完善河北省考古学文化的谱系编年和时空框架提供了实物资料。南阳遗址为一处战、汉时期中型城址，以南阳遗址为核心的东周、汉代聚落集群区的新发现，揭开了南阳遗址城市考古的序幕，为东周、汉代城市考古的研究提供了新资料。同时，南阳遗址填补了该地区战国末期至两汉之际的考古学空白，为探索城市聚落演变与生态环境互动、生业演进模式以及雄安新区规划建设发展等均具有重要意义。

（供稿：赵战护　张晓峥）

南阳遗址陶釜
Pottery *fu* cauldron unearthed from the Nanyang Site

南阳遗址陶釜
Pottery *fu* cauldron unearthed from the Nanyang Site

晾马台遗址采集陶片
Potshards collected from the Liangmatai Site

南阳遗址陶板瓦
Flat pottery tile unearthed from the Nanyang Site

上坡遗址陶鬲
Pottery *li* tripod unearthed from the Shangpo Site

南阳遗址西南发掘区航拍
Aero-photo of the southwestern excavated area on the Nanyang Site

宋辽时期边关地道
Frontier-pass tunnel of the Song and Liao periods

南阳遗址陶文陶片
Inscribed potshard unearthed from the Nanyang Site

To implement General Secretary Xi Jinping's important instruction gist on the construction of New Xiong'an District and to support the planning and construction of New Xiong'an District and to support the planning and construction of the city, in June to December 2017, the Joint New Xiong'an District Archaeological Team carried out archaeological survey in the whole region. They discovered city-sites, settlement-sites, tombs, kiln-sites, building-foundations, stone inscriptions, as well as modern and contemporary revolutionary historical remains, which number 263 units in total and continuously cover the tomes starting from the Neolithic Age. Among these items the Nanyang Site is the ancient monument coming first in preserved area and rather rich in cultural contents. Through exploration and test-excavation, the Hebei Provincial Institute of cultural Relics came to the conclusion by and large that these remains are left over from a medium-sized city of the times from the Warring-states Period to the Han Dynasty. These archaeological operations brought about overall information on the distribution of cultural relics in the territory of the New Xiong'an District and provided material data on the chronological pedigree and temporal-plus-spatial frames.

云南晋宁
上西河遗址发掘收获

ACHIEVEMENTS IN THE EXCAVATION ON THE SHANGXIHE SITE IN JINNING DISTRICT, YUNNAN PROVINCE

上西河遗址位于云南省昆明市晋宁区上蒜镇金砂村委会上西河村。该遗址于2008年调查时发现，地表可见大量螺蛳壳堆积和夹杂其间的同心圆纹陶盘残片及部分灰陶片。

2015年，云南省文物考古研究所对上西河遗址进行了复查，2016年又对该遗址进行了粗探。同年，向国家文物局提出发掘申请，批复发掘面积1000平方米，分甲、乙、丙三个区域，面积分别为300、600、100平方米。2016年，完成甲区和丙区的发掘。甲区位于上西河村东、金砂村北，地处古河道上游地区，该区仅发现汉代文化堆积，堆积较薄，出土部分陶片、瓦片及大量红烧土颗粒，这种红烧土颗粒明显是被水冲刷而来，推测聚落应在其附近区域。丙区位于上西河村中部，发现了汉文化堆积，应处于聚落附近区域。在丙区汉文化堆积之下的一个时代更早的沟槽中发现了石寨山文化陶片，陶片组成较为纯净，未见晚期遗物，推测此沟槽年代应为石寨山文化时期。受发掘面积所限，丙区未发现石寨山文化聚落。

乙区位于上西河村西的西王庙附近，发掘工作自2016年12月底开始，至2017年6月底完成，其间追加发掘面积500平方米。乙区文化堆积最厚，清理出房屋39座、灰坑400余个、灰沟18条、井13口等，出土大量陶、石、青铜器等。发掘结果表明，无论是汉代还是石寨山文化时期，都将乙区作为聚落遗址使用。

上西河遗址乙区文化堆积厚2～3米。以

T0301为例介绍如下。

第①、②层为洪积层，厚约3米，最厚处达4.5米，土层纯净，基本不见遗物。

第③a、③b层为明清层，偶见瓷片等遗物。

第④～⑥层为汉文化和石寨山文化共存时期遗存，可划分为遗址第三期。本期遗迹为各种形制的水井，汉文化代表性器物为汉瓦、滴水和小口卷沿陶罐。

第⑦～⑩层为石寨山文化时期遗存，可划分为遗址第二期。属于这一时期的房屋类型多样，有地面起建式、半地穴式和干栏式等，另有形状各异的灰坑；典型器物为陶釜、罐、钵等。

第⑪～⑬层为石寨山文化早期或早于石寨山文化时期遗存，可划分为遗址第一期。属于这一时期的建筑主要为带沟槽的干栏式房屋建筑，形制单一，建筑体量较大，当为等级较高的建筑；陶器为黄褐陶，以素面为主，器形有器座、带流罐（壶）等。本期出土的陶器群，目前在滇池盆地尚无可对比的材料，但带流罐和通海兴义遗址的海东类型器物群比较接近。

本次对上西河遗址的发掘，在甲区发现了两汉时期文化堆积；在丙区亦发现了两汉时期文化堆积，并在更早地层中发现了石寨山文化时期的灰沟，表明其附近或应有石寨山文化时期的聚落；乙区文化堆积最厚，发现了石寨山文化和汉时期的聚落，以石寨山文化聚落为主，遗迹包括房屋、灰坑等。这一发掘结果得来不易，主要表现在以下几个方面。

T0301西壁地层剖面
Stratigraphic section of the western wall of Excavation-grid T0301

J5
Well J5

F2
House-foundation F2

J8
Well J8

F14
House-foundation F14

　　首先，首次在滇池东南岸的冲积平原地区发现了石寨山文化聚落，完成了我们多年来苦寻的目标。以往认为，只要发现有贝丘（螺蛳壳），就一定是石寨山文化时期的"遗址"，但通过近两年的工作发现，贝丘并不等于聚落，其仅为聚落的指向性，表明该时期的聚落可能就在附近，但具体位置还需进一步寻找。贝丘往往与古河道、湖滩伴生，而人类对水的依赖是与生俱来的。贝丘遗址不仅为寻找石寨山文化遗址提供了

方向，也为进一步研究石寨山文化时期的生态环境和聚落布局提供了重要依据。

　　其次，遗址中出土的大量陶片为构建石寨山文化的编年体系提供了实物资料。以往对石寨山文化的认识主要是依靠墓葬材料，通过本次发掘可以从聚落遗址的角度来认识该文化的面貌，填补了遗址方面的缺憾。

　　第三，目前资料整理情况表明，遗址第一期出土的以带流罐（壶）为代表的遗存，与通海兴

义遗址海东类型遗存相同，¹⁴C测年结果为公元前14世纪，表明其极有可能是石寨山文化的源头之一。若这一认识正确，将大大丰富对石寨山文化内涵的认识。

第四，无论是汉时期的聚落，还是石寨山文化（滇文化）时期的聚落，其聚落面的实际海拔当在1883米，低于今滇池水面4米左右。这表明，无论汉时期还是先前的石寨山文化时期，滇池的水位是相对较低的，滇池是相对干旱的。这为我们进一步寻找石寨山文化的聚落和古滇国城址指明了方向，今后的工作应进一步向海拔更低的冲积平原地区和海拔更高的低山丘陵地区寻找石寨山文化聚落。从目前情况看，我们只是发现了石寨山文化某一时期的聚落，难以代表延续时间长达一千余年的石寨山文化的整个阶段。

本次发掘，针对滇池地区多水的环境，为确保考古工作的正常开展并取得实际效果，我们在实际工作中鼓励工作人员大胆创新，其中开挖降水槽和自制航吊就是典型例子。前者在地下水位较高的滇池地区，能保证考古工作面的干净、整洁，后者可大幅提高工作效率，这为同类遗址的发掘提供了可借鉴的成功经验。

（供稿：蒋志龙　谢霍敏　杨新鹏）

一期陶器群
Pottery assemblage of the first phase

二期陶器群
Pottery assemblage of the second phase

三期陶器群
Pottery assemblage of the third phase

三期陶器群
Pottery assemblage of the third phase

F16
House-foundation F16

F21
House-foundation F21

G33
Ash-trench G33

H191
Ash-pit H191

H325
Ash-pit H325

The Shangxihe Site is located at Shangxihe Village of Shangsuan Town in Jinning District, Kunming City, Yunnan Province. In 2016 to 2017 years, the Yunnan Provincial Institute of Cultural Relics and Archaeology carried out excavation on the site. The opened area measures 1,500 sq m and can be divided into three areas. The second area comes first in the thickness of cultural accumulations. Here the discovered settlements go back respectively to the Shizhaishan Culture and the Han Period. The clarified cultural vestiges include house-foundations, ash pits, ash trenches, wells etc., while the unearthed relics are mainly lots of pottery, stone and bronze artifacts. The excavation revealed for the first time a settlement of the Shizhaishan Culture in the alluvial plain on the southeastern bank of the Dianchi Lake and brought to light large amount of pottery potshards, which provided material data for establishing the chronological sequence of the Shizhaishan Culture, inquiring into the origin of the culture and pointing out the direction of further seeking settlements of the Shizhaishan Culture and city-sites of the ancient Dian State.

陕西秦咸阳城
胡家沟建筑遗址

HUJIAGOU BUILDING-SITE AT QIN PERIOD XIANYANG CITY IN SHAANXI PROVINCE

胡家沟建筑遗址位于陕西省咸阳市窑店镇胡家沟村东北部的二道塬地上，属秦咸阳城遗址核心保护范围。2014年勘探确定该处有5组大型夯土建筑基址，其中4组呈东西一线分布。2016～2017年，经国家文物局批准，陕西省考古研究院秦都咸阳城考古队对其中一组进行了发掘。

发掘区地层堆积共5层。其中，建筑、墓葬、灰坑等遗迹分别开口于第③、④层下。在这些遗迹中，时代最早的为一座儿童葬，葬具为两节套合的圆形陶水管，具有秦汉时期儿童葬的风格。时代最晚的为斜坡墓道、带天井墓葬，发掘其中一座，出土北周建德三年（574年）墓志。在发掘区的东部发现建筑遗迹2处，编号为F5、F6。其四周广泛分布陶片立砌的散水，出土"大泉五十"铁质和陶质钱范共2套以及五铢钱等，判断其时代不早于西汉中期。

重点清理的建筑基址开口于第⑤层下，编号为ⅡB1JZ2。位于2014年探明的五组建筑基址稍

2017年发掘区航拍正射影像
Orthographic projection of the 2017-year excavated area

F1 内部结构
Interior structure of House-foundation F1

偏西处，规格较小。其西距秦咸阳宫一号宫殿基址约1.1公里，南距汉安陵约0.6公里，开口距现地表1.1～1.2米。建筑主体平面呈长方形，方向80°，总长约110、宽19.6米，面积约2100平方米。

建筑整体遭火焚，墙体、地面多处呈烧土板结状，未见可辨形状的木质遗迹。外围四垣皆为夹层夯筑。墙基槽宽2.3～2.6、残高0.1～0.5米，根据夯土倒塌范围复原墙高约6.5米。夯层厚0.08～0.1米，夯窝直径7～8厘米。墙体内壁平直、光滑。

建筑主体由4个单元组成，面积、结构基本相同，自西向东分别编号为F1～F4。各单元面阔五间、进深四间，计有三排四列柱石，均为明础。柱石排列间距略有差别，础面与地面持平。柱石均为青石质，形状、大小不一，最大者长0.97、宽0.82米，最小者长0.4、宽0.27米。础面平，但不见明显加工痕迹。F2中部个别柱石下有边长1.2米的夯土磉墩。单元之间为南北向夯土隔

墙，墙基宽近3米，内外三层夹筑而成。各层分别厚0.7、1.8、0.7米，残高0.1～0.3米。各单元内部有方向不一、数量不等的窄夯墙，墙宽约0.25、残高0.1米。

F1总长22.5、宽14.5米，使用面积近326平方米。现存柱石11个，柱石排列方式为西列与西隔墙距离3.9米，每列间距依次为4.3、4.2、4.3米。东列与东隔墙距离3米。南排与南墙距离2米，各排间距分别为4.1、4米。北排与北墙距离2.6米。南墙东段有一处宽2.2米的断口，其间有踩踏面南北向延伸，但不见门石、门槽等迹象，尚不能明确是否为门道。该单元西北部有窄夯墙6条，其中南北向1条，长8.4、宽0.28、残高0.15米；东西向5条，由南向北长度依次为2.6、4.8、3、2.1、1.5米，间距依次为1.7、1.2、2.2、0.8米，墙宽0.24～0.3、残高0.15米。东西墙西端抵接南北墙。地面平整，无明显踩踏面，东北部受火最甚，局部呈青灰色硬结状。

其余3个单元柱石摆放距离略有变化，内部

97

F1 西部受火痕迹及晚期墓葬打破关系
Traces of firing in the west of
House-foundation F1 and its
interruption by a later tomb

晚期墓葬天井

晚期儿童葬

窄墙方向亦各自不同。F2，窄墙南北向，两两成组计4组8条，组间距最窄为0.56米，最宽为0.97米。F3内窄墙南北向，未见有成组的规律。

主体建筑的东南部有一边廊，编号F7。整体建筑屋顶覆瓦，倒塌层局部有起伏，受扰严重。未见可确定的门道设施。距F3南墙1.5米。平面呈长方形，长6.32、宽5.56米，近北部发现小型柱石1个，地面踩踏面明显，应为廊道或其他附属设施。

出土器物以建筑材料为主，其次为编磬，另有封泥1枚及铜纽饰2件、铜环2件、铜钱1件、铁钩1件，少见生活类器物。

建筑材料有板瓦、筒瓦、瓦当、龙纹空心砖、素面方砖，风格与以往秦宫殿遗址出土器物相同。

F7 与晚期建筑散水叠压关系
House-foundation F7 and its superposition by an apron of a later building

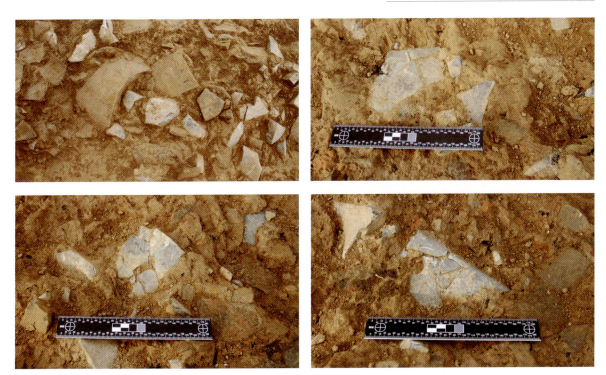

石磬残块出土情况
Qing chime stones in excavation

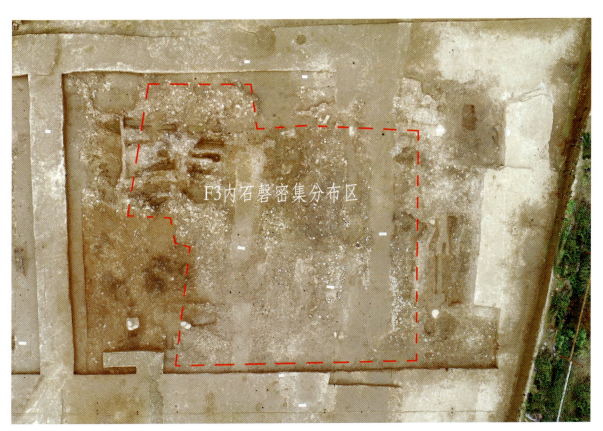

F3内石磬残块分布情况
Distribution of the remains of *qing* chime stones in House-foundation F3

北周建德三年墓志
Epitaph of the third year, Northern Zhou Period

编磬广泛分布于 F3 范围内，大量夹杂于上层堆积和墓葬填土中，以建筑东南部为主要分布区。石质细腻，打磨精致，挫磨痕迹清晰。最厚者 5.8、最薄者 2.6 厘米。已发现 23 块刻有文字，系尖状利器在石磬打磨完成后刻划而成，以秦篆体为主，也有部分带有隶书韵味，内容包括"乐府""北宫乐府""右四""八""二""矢右商子""左终"等署名及编号。从字体上看，刻者显非一人。其中一件可基本拼对完整，鼓上边残长 14、鼓博残宽 7 厘米，股上边长 12，股博宽 9.5 厘米，倨句径 1.9 厘米，夹角约 167°，厚 2.6 厘米。其

鼓下边刻"北宫乐府"、鼓上边刻"矢右商子"、股上边刻"右八"共三组 10 字。同区域内还见有形状规整、顶端有圆孔的陶质器物，似为陶磬。封泥出土于 F2 东部。近长方形，边长 3.5、宽 3 厘米，有边框无界格，阳文戳印篆体"大府（内）缯官"四字，右第二字略模糊。

综合其所在位置、出土器物等初步判断，Ⅱ B1JZ2 建筑时代为战国晚期至秦代，毁于人为破坏和火烧。其墙体厚实、少见门道设施，具有府库类建筑的特点，应为秦都咸阳城北宫区乐府器具的存储场所。各单元内部的窄墙，或为不同种类物品存放的支垫。铜纽形饰、铜环、铁钩应与器物悬挂有关。

在发掘的同时通过周边遗存的再调查和勘探，确认在发掘区南部曾有同时代大型建筑，因砖厂取土现已荡然无存，在废弃物堆积中采集到大量建筑材料及"半两"钱模、容器陶范、圆形支垫等器物。在距发掘区东南约 300 米处有大范围的水相堆积、人工修建的水沟和铺设的双层并列水管道。这些发现不仅大致确定了胡家沟遗址的南界，更说明该区域极可能为秦咸阳城北宫区主管国家物资生产、存储的机构所在，与大内或少内甚至是少府的关系尤其密切。

本次发掘工作，不仅再次证实了秦设乐府的史实，为进一步确定北宫乐府所在提供了依据，更重要的是为咸阳城渭北宫区的历史名称、布局、建制等方面的研究提供了新材料。

（供稿：许卫红　张杨力铮）

"大泉五十"钱范
Coin mould with the inscription "大泉五十"

采集钱模、陶范
Collected coin-models and pottery moulds

銅器、鐵器
Bronzes and iron
implement

The Hujiagou Building-site is located at Hujiagou Village of Yaodian Town in Xianyang City, Shaanxi Province, and belongs to the nucleus area of the protection of the Qin Period Xianyang City-site. Through exploration it has been known that there are five groups of large-sized rammed-earth building foundations. In 2016 to 2017, the Shaanxi Provincial Institute of Archaeology sent out an archaeological team to the Qin capital Xianyang City to excavate one of the building groups (No. IIB1JZ2). The results show that this building group covers a rectangular area. It measures ca. 2,100 sq m and remains in quite a good condition. The thick walls are equipped with only a few doors. The unearthed remains include large amount of building material, broken *qing* chime stones with inscriptions and a clay seal with the inscription " 大府（內）繕官 ". The engraved characters on the *qing* record names of buildings, numbers, temperaments and workers' names. In type the unearthed objects are the same as those from the palace building sites of the Qin Xianyang City. The Hujiagou Site is the remains of a large-sized governmental storehouse. It must have been concerned with the making and storing of the Northern Palace's musical instruments.

西安阎良
秦汉栎阳城遗址

LIYANG CITY-SITE OF THE QIN AND HAN PERIODS
IN YANLIANG, XI'AN

秦汉栎阳城位于陕西省西安市阎良区，为第五批全国重点文物保护单位，是西安附近除秦咸阳城、汉长安城外的第三座秦汉都城。1980～1981年，中国社会科学院考古研究所栎阳发掘队对栎阳城遗址开展了系统的考古勘探与发掘，确定了栎阳城遗址的南墙、西墙，并在城中发现大量建筑基址及道路，但因地下水位甚高，未发现北墙、东墙。

2013～2017年，为进一步确定栎阳城遗址的保护范围，为栎阳城保护规划的制订提供科学资料，中国社会科学院考古研究所与西安市文物保护考古研究院联合组成的阿房宫与上林苑考古队重启栎阳考古。通过大范围勘探和小规模试掘的方式，确定了一号、二号、三号3座古城，并在三号古城内试掘确定了多座大型宫殿建筑，确定三号古城的时代为战国中期至西汉前期，即文

三号古城
No.3 city-site

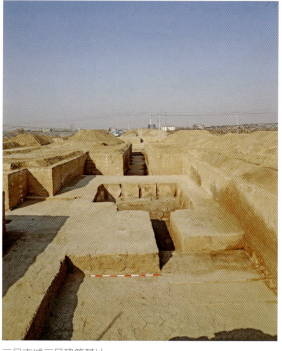

三号古城三号建筑基址
No.3 building-foundation of No. 3 city-site

献所载的秦至汉初栎阳。

考古队复探了 1980 ~ 1981 年考古勘探的南墙、西墙，并在局部地段发现了城址北墙，编号为"一号古城"。城址南北长约 2430 米，东墙暂未发现，据现有资料，城址东西至少长约 1900 米。一号古城的年代为秦汉时期。在一号古城东北发现东西向墙基，向东延伸至石川河边北折后被石川河冲断，东西长约 3100 米。在其西端发现南北向墙基，向北延伸到石川河岸，南北长约 3800 米，编号为"二号古城"。对二号古城西墙、南墙进行解剖。在西墙墙基中出土五铢钱，确定二号古城的上限不早于汉武帝元狩五年（前 118 年）；在南墙解剖中，发现城南环城路被新莽墓葬破坏，表明城址的大体废弃时间不晚于汉末新莽时期。

在二号古城西墙西约 1500 米处发现较大面积的夯土遗存，编号为"三号古城"。目前勘探发现前后两期北墙、西墙，其中前期北墙已勘探东西长约 440、西墙南北长约 180 米，后期北墙已勘探东西长约 105、西墙南北长约 200 米。南墙、东墙尚未发现。在北墙以南、西墙以东，勘探发现了由南向北编号为一至四号建筑的 4 个大型夯土建筑台基。一号建筑位于南侧，规模最大，勘探东西长约 67.5、南北宽约 23 米。一号建筑向北约 18 米为二号建筑，东西长 41、南北宽约 11 米，东部通过廊道等与一号建筑连接。二号建筑向北约 18 米为三号建筑，东西长约 56.6、南北宽约 12 米，向南通过廊道与二号建筑连接。三号建筑向北 30.5 米为四号建筑，东西长约 34.5、南北宽约 10 米。在四号建筑西侧 4.7 米处发现五号建筑，东西长约 23.5、南北宽约 13.5 米。

一号建筑向南约 67 米处，发现一东西长 105、南北宽约 100 米的近方形院落。该院落东、北、西侧均为宽约 10 米的廊房，北侧廊房中间有宽约 5.6 米门道，南侧中间门道宽约 7.3 米，两侧为边长 14 米的近方形夯土台基，分别通过宽约 2 米的围墙与东西廊房连接。院内勘探未发现建筑遗存。该院落向南约 170 米处，在东西长约 520、南北宽约 410 米范围内勘探发现较连续的红烧土和瓦砾分布区。进一步勘探显示，在该区中部存在 4 条南北向的宽 3 ~ 4、最长约 406 米的大型沟渠，将该区域做出一定的区域划分。初步确定该区域为手工业生产区。

为确定三号古城内勘探遗存的时代、形制与

三号古城四号建筑基址北侧院内灶群（东—西）
Kitchen ranges in the yard on the northern side of No.4 building-foundation on No.3 city-site (E-W)

三号古城三号建筑基址内地下室建筑（西—东）
Underground building in No.3 building-foundation on No.3 city-site (W-E)

三号古城四号建筑基址
No.4 building-foundation on No.3 city-site

三号古城四号建筑基址北侧院落内大型灶址（西北—东南）
Large kitchen range in the northern yard of No.4 building-foundation No.3 city-site (NW-SE)

三号古城四号建筑基址内 Z8 全景照（西南—东北）
A full view of Kitchen Range Z8 in No.4 building-foundation No.3 city-site (SW-NE)

性质，从 2014 年开始，考古队陆续对相关遗存进行试掘，试掘以探沟为主、探方为辅。试掘确定，一号建筑南北宽约 22.3、二号建筑南北宽约 11 米，夯土台基均保存较好，残高 0.5～0.8 米，台基外立面局部保留白灰墙皮。三号建筑夯土台基西部设一东西宽 4.8、南北长 5.6、深 0.9～1.1 米的半地下建筑，向南经一东西宽 0.9、南北长约 3.3 米的过道与台基外连通。三号建筑通过宽约 3.3 米的廊道向南与二号建筑连接，廊道北端西侧设空心砖踏步，空心砖南北长 1.38、东西宽 0.36、露出地表 0.16 米。四号建筑为东西向排房式建筑，在已清理的三个房间中，西部房间为浴室，其室内东西面阔 2.6、南北进深 3.6 米，其东北角为

"栎阳""宫"陶文拓片
Rubbing of a potshard with inscriptions "栎阳 Liyang" and "宫 palace"

一四壁贴砖的东西宽 1.43、南北长 1.73、深约 0.7 米的地漏，底部中间设直径约 0.8 米的圆形陶地漏，下设渗井，该室内地面原铺地板。中部房间东西面阔 4.2、南北进深 3.6 米，屋内东北角设壁炉。东部房间清理东西面阔 6.9、南北进深 4.6 米，北墙西部、东部各辟一门。

在四号建筑西侧清理了五号建筑的东部 5 个房间，其中在南侧、北侧房间内分别发现了为浴室排水的大型地漏，房间地面铺砖、墙壁贴砖。此外，在五号建筑南侧还发现了预设于台基下的与浴室地漏相连的排水管道和渗井设施。在四号建筑北侧清理六号建筑局部，并在其台基上清理了各一个灶和疑似厕缸的遗存。在六号建筑西侧，清理了两两成对的 4 个灶，其中 Z28 东西通长 3.86 米，操作坑呈斜坡状，东西长 1.67、南北宽 1.28 米，火塘直径 0.85、深约 0.48 米，烟道长约 1 米，推测这里应是与御膳房有关的附属设施。

三号古城出土了大量内饰麻点外饰细绳纹、中绳纹的筒瓦、弧形板瓦、槽型板瓦和素面瓦当、动物纹瓦当、云纹瓦当等建筑材料，其时代特征明显，与秦雍城、秦咸阳城、秦汉上林苑、汉长安城遗址同类遗物形制、纹饰相近，显示其上承雍城，下接秦咸阳，并延续到西汉前期。在清理中不仅出土可拼对基本完整的长 73、最大径 63 厘米的巨型筒瓦，还发现多个与辽宁碣石宫遗址 B 型大瓦当纹饰相近的瓦当残片。

三号古城四号建筑基址内浴室（南—北）
Bathroom in No.4 building-foundation No.3 city-site (S-N)

三号古城五号建筑基址内 F4 内浴室（西—东）
Bathroom in No.4 house-foundation in No.5 building-foundation No.3 city-site (W-E)

三号古城五号建筑基址内东北间内地漏（南—北）
Floor drain in the northeast room in No.5 building-foundation No.3 city-site (S-N)

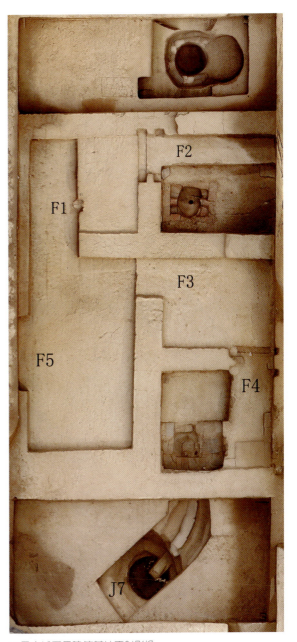

三号古城五号建筑基址正射影像
Orthographic projection of the No.5 building-foundation No.3 city-site

从三号古城清理的情况看，三号建筑的半地下建筑、空心砖踏步、巨型筒瓦、瓦当和四号建筑的浴室、壁炉等，均将三号古城试掘发现的夯土遗存指向秦最高等级的宫殿建筑。而发掘出土器物上的"栎阳""宫"的刻划文字和大量的"栎市"陶文，则明确表明该遗址所在即为文献所载栎阳。从考古发现看，三号古城建筑上限不早于战国中期，与文献所载秦献公、孝公建都栎阳的时间吻合，应为战国秦都栎阳所在。从城址延续到西汉前期看，其亦应是秦末汉初项羽所封三秦之一塞王司马欣之都，并为汉初之都栎阳所在。

据文献记载，秦人之都先栎阳而后咸阳，因此在三号古城中发现的诸如宫殿建筑中的半地下建筑、浴室、壁炉等设施，以及空心砖踏步、巨型筒瓦、瓦当等遗物，应早于秦咸阳城发现的遗存。从栎阳考古的相关发现看，秦汉建筑制度上，过去习知的很多秦汉之制，均应始于栎阳。

（供稿：刘瑞　李毓芳　张翔宇　高博）

三号古城五号建筑基址内东南间内地漏（北—南）
Floor drain in the southeast room in No.5 building-
foundation No.3 city-site (N-S)

巨型筒瓦
Large-sized cylindrical tile

鸟纹半瓦当
Semi-tile-end with bird design

巨型瓦当残块
Broken large-sized tile-end

The Qin and Han periods Liyang City-site is located in Yanliang Area of Xi'an City, Shaanxi Province. It is one of the fifth group of State Protected Monuments. From 2013 to 2017, the Institute of Archaeology, CASS and the Xi'an Municipal Institute of Cultural Relics Administration and Archaeology carried out jointly exploration and excavation on the site. The work revealed the location of Nos. 1, 2 and 3 ancient cities, a lot of large-sized palaces on No.3 city-site have been brought to light through trial excavation, and the third city-site has been affirmed to belong to the times from the mid Warring-states Period to the early Western Han

Dynasty. The clarified relics include a bathroom and a fireplace, which are the earliest among the so-far known discoveries of this sort. Among the unearthed objects are large cylindrical tiles and tile-ends that are also earliest as known presently. All these indicate that No. 3 city must have been the highest-rank palace buildings of the Qin Period. Judged by the inscriptions "栎阳" and "宫" incised on some unearthed objects and "栎市" occurring quite often on pottery vessels, No. 3 city must have been Qin Dynasty Dukes Xiangong-and- Xiaogong's capital Liyang, which kept this name in the early Han Dynasty, i.e. before the Han Dynasty made Chang'an its capital.

山东青岛
土山屯墓群发掘收获

ACHIEVEMENTS IN THE EXCAVATION OF THE TUSHANTUN BURIAL GROUND IN QINGDAO CITY, SHANDONG PROVINCE

土山屯墓群位于山东省青岛市黄岛区张家楼镇土山屯村，2016年5月至2017年11月，为配合基础工程建设，青岛市文物保护考古研究所和黄岛区博物馆对土山屯墓群部分区域进行了发掘。共清理墓葬178座，其中东周时期墓葬25座、汉代墓葬125座、清代墓葬28座。其中汉代墓葬形制特殊，出土器物丰富且保存较好。

发现汉代时期封土15处，封土之下一般为两座墓（封1下为四座墓）。墓葬之间有早晚关系，较晚墓葬打破较早墓葬的封土，再在墓葬上堆积新的封土，新的封土叠压在较早墓葬的封土之上，从而整体形成一个更大的封土。部分墓圹外围发现有沟状遗迹，可能为排水沟或界沟。共在7处封土的南侧发现有砖构平台，这类平台均位于封土南侧的缓坡之上，近方形，边长2~2.5米，其中封10砖构平台中央放置有一灰陶罐，初步推测此类砖构平台可能是"祭台"性质的遗迹，其作用应是在墓前"露祭"时摆放酒食。部分封土发现存在早晚关系的两处砖构平台，分别对应早晚两期封土。

汉代墓葬年代为西汉中晚期至东汉时期，墓葬形制主要为岩坑竖穴砖木混椁墓，其中一些墓葬规模较大，并穴分布于封土之下，部分带有墓道，呈"甲"字形。棺椁结构多样，分别有三椁重棺、双椁重棺、双椁单棺、单椁双棺和单椁单棺等。一般兼具砖椁和木椁，部分保存较好的墓葬，在椁顶之上发现有横铺的圆木或半圆木，似为象征屋顶房梁。椁室内除放置棺外，一般分边箱或头箱。M177葬制较为复杂，椁室有"人"字形木椁顶和堂寝结构。有的椁外填有大量的陶瓦片堆积，多为破碎的建筑材料，与"积贝""积沙""积石"墓形制类似，可称之为"积陶墓"。棺平面多呈长方形，少量棺为独木凿空制作，其中M147和M157棺外有麻布棺束縈漆的现象。部分墓葬人骨保存完整，出土大量头发、胡须和指甲标本。根据出土的关于墓主身份的文字材料（印章和遣册），可称这批墓葬为"刘氏家族"墓地。

出土器物1000余件（套），主要有陶器、原始青瓷器、铜器、铁器、漆木器、玉器和丝织品等。

原始青瓷器主要有壶和瓿，这类器物在鲁东南沿海地区汉代墓葬中常见，产地应为吴越地区。铜器主要有盆、熏炉、镜、带钩、环、印章等，其中铜镜出土数量大，种类多，保存好。铁器主要有削刀、佩刀和玉具剑等。漆木器数量较多、保存较好，主要有嵌金七子奁、漆盒、漆案、漆盘、漆樽、漆耳杯、木剑、木枕、木带钩、木杖、温明、双管毛笔、木牍和竹简等。玉器主要有印、带钩、环、剑璲、佩和琀蝉等。纺织品虽有残朽，但仍然提取了纱帽、系带、鞋袜等部分织物，获取了大量织物标本，另有部分织物整体提取，待室内进一步提取和保护。

其中玉印、玉席、温明、玉枕和木牍（竹简）尤为重要。玉印出土于M147，立方体，侧面有对穿小孔。墨书印面，分别为"萧令之印"和"堂邑令印"，应为明器。玉席出土于M147墓主人身下，

土山屯墓群全景
A full view of the Tushantun burial ground

封土4下遗迹分布情况
Distribution of the remains below No. 4 tomb mound

封土5前的祭台
Sacrificial terrace before No. 5 mound

保存完好，为琉璃片（铅钡玻璃）连缀的席状葬具，与棺内底同宽，略短于棺内底。琉璃片以方形为主，少量为圆形和菱形。片上铸有柿蒂纹、龙纹和虎纹，纹饰部分贴有金箔，另有部分素面琉璃片。四角均有小孔，用以连缀。玉席底部铺有一层毛毡类织物，疑为承托玉席的构件。温明发现于 M147 棺内北侧，罩于墓主人头部，盒状，盝顶中央嵌琉璃璧，璧中央置包金箔木雕小龟。盝顶斜坡四角附有四只木雕包金银箔螭虎，盒身内外侧均镶嵌有琉璃饰片，北、东、西三面侧板内侧均镶嵌有一面素面铜镜，盒身内放置包金虎头木枕一件，另附有木雕包金的伏羲女娲和侍女等木俑。本次发掘同出的遣册上有自名，故可确知此器物即为"温明"。这是目前发现的形制最繁复、工艺最复杂、保存最完整的汉代温明实物。

木牍共发现 23 枚，其中 9 枚为遣册，6 枚

为上计文书木牍，另有 2 枚名刺和数枚空白牍。M147 出土的遣册"堂邑令刘君衣物名"，其上有关"玉温明""玉席"和"堂邑户口薄"的记载，尤为重要。上计文书牍中，《堂邑元寿二年要具薄》《诸曹要员集薄》《堂邑盗贼命簿》和《囚薄》等记载了堂邑县元寿二年（前 1 年）的吏员数量、城池大小、户籍人口、犯罪人数、库兵数量、提封数量、疾病、垦田、钱粮市税、传马数量、赈济贫民、所捕盗贼及定罪情况。另有《元寿二年十一月见钱及通薄》《君视事以来捕得他县盗贼小盗伤人薄》《牧君移书要》《堂邑元寿二年库兵要完坚薄》等木牍。除此之外，M164 棺中发现有一些竹简，虽残朽较为严重，仍发现其上有墨书字迹，有待进一步清理提取。

土山屯汉代墓葬，由于大多未被盗扰，且埋藏环境较好，故保存相对完好。其封土下两座墓

葬的结构,异于本地区发掘的胶州赵家庄汉墓、黄岛安子沟汉墓和日照海曲汉墓的"墩式封土墓",为鲁东南沿海区域的这类封土墓的研究提供了新的考古资料。"积陶墓"的发现,或是一种新的葬制。砖椁加木椁的椁室结构、"人"字形椁顶、独木棺等现象,应与战国至汉代时期鲁东南区域和吴越文化区频繁的经济文化交流有关。

墓群所在区域,为秦汉时期琅琊郡或其下辖县(侯)地域。本次不仅发掘了一批"刘氏家族"墓葬,还在墓地北 4 公里处发现了一处同时期城址,该遗址年代跨越龙山、岳石、东周、秦汉直至隋唐,调查发现大量汉"千秋万岁"瓦当、大型柱础石、双陶水管等重要遗迹、遗物,为进一步探寻琅琊郡地望等提供了依据。

封土前砖构"祭台",应是墓前"露祭"时的祭台,是国内汉代考古中首次发现,为研究两汉时期的丧葬制度和社会风俗的转变提供了资料。其墓葬形制及出土器物具有鲜明的吴越文化特色,对研究鲁东南沿海地区葬俗及南北经济文化交流等具有重要价值。

M177
Tomb M177

M147
Tomb M147

玉席
Jade mat

陶罐
Pottery jars

陶壶
Pottery pot

釉陶器
Glazed pottery vessels

原始青瓷器
Proto-celadon vessels

凤鸟铜镇
Phoenix-shaped bronze paper-weights

鎏金铜盆
Gilt bronze basin

漆木器
Lacquered wooden articles

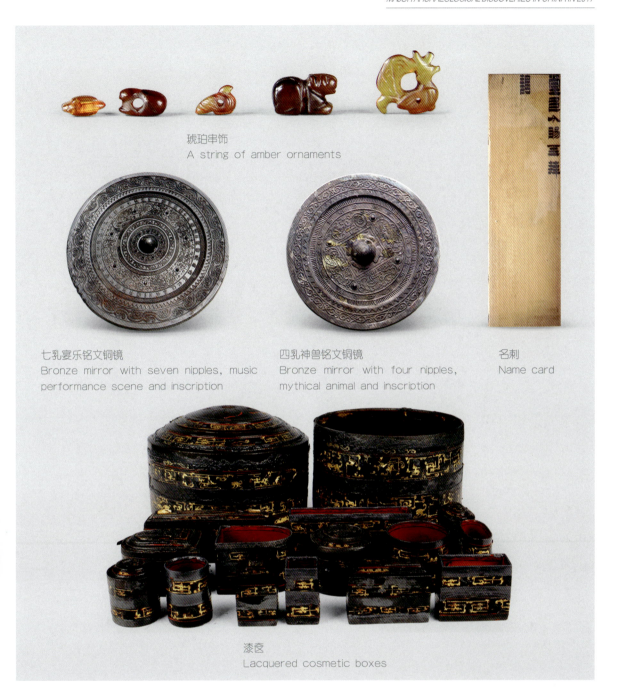

琥珀串饰
A string of amber ornaments

七乳宴乐铭文铜镜
Bronze mirror with seven nipples, music performance scene and inscription

四乳神兽铭文铜镜
Bronze mirror with four nipples, mythical animal and inscription

名刺
Name card

漆奁
Lacquered cosmetic boxes

　　出土的原始青瓷器、漆器、温明和玉席等，为研究汉代时期鲁东南沿海地区与江浙地区的经济文化交流和汉代的海上丝绸之路提供了物证。出土的遣册为汉代名物制度的研究提供了新的资料，特别是温明和玉席，均是第一次发现自名，为这类器物的定名提供了出土文献依据。玉席保存完整，对校正以往一些汉代墓葬出土"玉片"的性质（通常认为是"玉衣片"），提供了新的研究角度。墨书玉印为以往汉代墓葬出土的空白印面印章的研究，提供了确证。上计文书木牍的发现，是墓葬内发掘出土的第一批完整的汉代县级上计文书牍。这批木牍保存完整、内容详尽、文字清晰、书法工整，与尹湾汉墓、天长纪庄汉墓和松柏汉墓出土的上计文书牍，共同构建了汉代时期郡、县、乡三级行政机构上计制度的实物资料体系，补文献之不足，对研究汉代行政制度、司法制度和书法史等均具有重大意义。

（供稿：彭峪　慕高华　于超　杜义新）

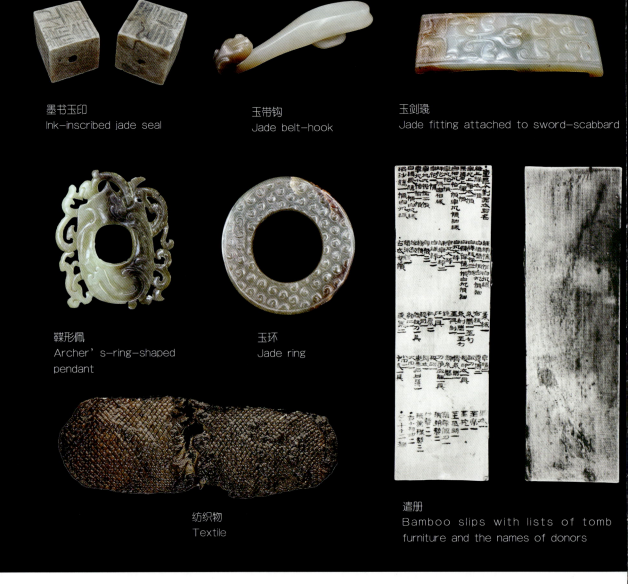

墨书玉印
Ink-inscribed jade seal

玉带钩
Jade belt-hook

玉剑璏
Jade fitting attached to sword-scabbard

韘形佩
Archer's-ring-shaped
pendant

玉环
Jade ring

纺织物
Textile

遣册
Bamboo slips with lists of tomb
furniture and the names of donors

From May 2016 to November 2017, the Qingdao Municipal Institute of Cultural Relics Protection and Archaeology and the Huangdao District Museum excavated a part of the Tushantun Graveyard. They clarified 178 tombs, among which the most important are the graves with earthen mounds. Among them the most important are the graves with earthen mounds. They go back to the times from the mid and late Western Han to the Eastern Han periods and feature distinctness in shape, richness in funeral objects and good condition in preservation. To the south of seven mounds excavation revealed brick-structured terraces, which must have been used as platforms for setting out wine and food before the tombs at the time of "open-area sacrifice." The unearthed artifacts number more than one thousand pieces or sets. They are mainly pottery and proto-celadon vessels, bronzes, iron implements, lacquered wooden articles, jades and textile fabrics; the especially important are ink-scribed jade seals, a jade mat, a head cover, bamboo slips with lists of funeral objects and their donors' names, as well as written records on bamboo slips and wooden tablets. The excavation of these tombs provided material data for investigating the burial customs in the southeastern coastal areas, the economic and cultural exchange between the south and the north of ancient China and the influence of political system and cultural exchange in the Han Period.

江苏扬州蜀岗古城
北城墙东段西部城门遗址

THE WESTERN GATE-SITE OF THE EASTERN SECTION OF NORTHERN CITY-WALL ON THE SHUGANG CITY-SITE IN YANGZHOU CITY, JIANGSU PROVINCE

蜀岗古城位于江苏省扬州市邗江区，1978年，南京博物院在城址北城墙东段的西部布设探沟发掘，找到了多期夯土城墙，发现模印有"北门""北门壁""城门壁"文字的城砖。为解明扬州蜀岗古代城址的历史沿革，寻找汉晋南朝时期扬州广陵城的北门，并探寻隋唐时期蜀岗古城的中轴线，中国社会科学院考古研究所、南京博物院、扬州市文物考古研究所联合组成扬州唐城考古工作队，对遗址进行发掘。2016年6～12月，揭开1978年的探沟并继续向东、西两侧扩方发掘，找到了城门的门道遗迹。2017年4～12月，在城址全面布方进行发掘，清理了汉代至南宋时期的城门遗址或相关遗迹，出土了砖面模印有"北门""北门壁""城门壁"文字的城砖、云纹瓦当和人面纹瓦当等建筑构件以及东汉时期的青瓷器、玉器、铜钱等残件。

城门遗址由墩台、门墩、门道、马道等遗迹构成，保存状况较好，形制较为清楚，门道基本呈南北向，几经修缮，门道南口、北口和门洞的形制有所变化。从遗迹与地层的叠压或打破关系以及遗迹之间的相互关系看，大致可以分为四期遗存，其中第一、第二和第四期为城门遗构，第三期为杨吴时期在城墙外（北）侧开挖的基槽和垒砌的包砖墙。

第一期遗存由墩台、门墩、门道、马道等遗迹构成。门道方向约3°，与门墩垂直。墩台东西长约55、南北宽约29.7米，门墩东西长

约23.6、南北宽约18.7米，门楼基础东西长约15.6、南北宽约14.6米。门楼基础南侧、门墩北侧残存有柱础石。门道南北长约18.7、东西宽约5.5米，门洞南北长约13.7、东西边壁底部（即门洞内的门道宽度）之间的距离约为4.6米。门洞东、西两侧边壁的底部各有7块排叉柱础石，中心间距约2.3米。排叉柱础石有方形、圆形两种，方形边长65～75厘米，圆形直径45～50、厚8～13厘米。门道北口以北的路面上，残存有车辙。马道位于门墩内（南）侧的东、西两侧，与城墙方向同为约87°，西侧马道西端至东侧马道东端之间距离约84米，西侧马道西端近底部夯土中发现东西向横置的直口圜底筒形陶罐。

既往发掘结果表明蜀岗古城的东北部分可能在西汉时期才围进城内，该址第一期遗存门墩底部夯土墙体中包含有外绳纹、内布纹的陶片，西侧马道西端近底部埋藏有西汉初年的直口圜底筒形陶罐，门道北口之上出土的遗物也不晚于东汉时期，因此可以推测第一期遗存当与两汉时期广陵城的北门相关，并再次证明蜀岗古城北城墙东段始筑于汉代。

第二期遗存是在前期的基础上修缮而成的城门遗构，门道方向约3°，南北长约19.6、南北两端开口处宽约5.5米。门道中部偏北残存门槛石，打破了前期路面。门槛石两侧近边壁处有门枢石，其下填垫有"北门壁"城砖。门洞部分南北长约12.3、东西宽约4.6米。门洞边壁用长

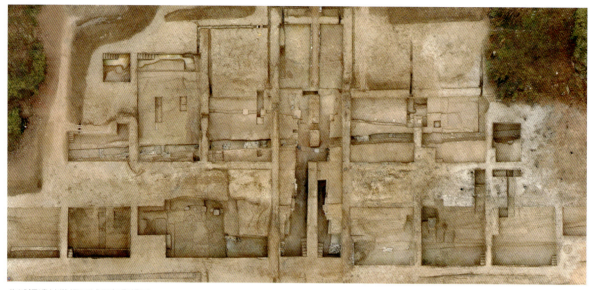

北城门遗址发掘区域正射影像图
Orthographic projection of the excavated area on the northern city-gate site

门道北口（北—南）
Northern entrance of the gate-way (N-S)

门楼基础南侧的础石（南—北）
Plinths on the southern side of the gate-tower-foundations (S-N)

门墩北侧的础石（北—南）
Plinths on the northern side of the gate-block(N-S)

第一期遗存门道东边壁南端的方形排叉柱础石
First-phase remains: Brick-structured square plinth at the southern end of the eastern-side wall of the gate-way

38、宽19、厚15或18厘米的土坯垒砌而成，部分地方残存着平贴在边壁面上的瓦片，门洞东西向纵截面现呈略向门道中部内弧的形状。排叉柱础石之上的排叉柱坑部分可看出有修缮痕迹，其中排叉柱坑边的填缝砖宽15、厚5厘米，砖的平面上有类似陶拍拍打形成的绳纹。门道北口、门墩南侧残存有砖砌包墙壁、砖铺散水面等，砖长38、宽19、厚8厘米，砖面上有模印文字"北门""北门壁""城门壁"。门墩南侧修补前期门墩的夯土，叠压在前期遗存门墩南侧之上的地层堆积上。门道北口外的东侧以及其他较多地方残存包砖墙或砖在后世被掏掉而形成的掏砖槽，其下均无基槽。

第二期遗存的砌砖或铺砖直接叠压在第一期遗存之上，其用砖在尺寸、质地、纹饰、字体等方面与扬州城出土汉砖、南朝及其后城砖皆有不同。距汉代最近的蜀岗古城修城记录有孙吴、东晋两个时期的，目前尚未发现孙吴时期广陵城的相关迹象，而东晋时期的修筑迹象发现较多，文献中也有大司马桓温于太和四年（369年）修缮广陵城的记录，加之城砖上文字的书体被推测为晋隶，故推测第二期遗存的上限或为东晋时期。文献记载大明三年（459年），沈庆之平定竟陵王刘诞之乱时，"诞饷庆之食，提挈者百余人，出自北门，庆之不问，悉焚之"，由此推测第二期遗存或与刘宋时期的广陵城"北门"相关。

另外，第二期遗存被第三期遗存即杨吴时期包砖墙及其基槽打破，可见第二期遗存的下限不会晚于杨吴时期。从该城门遗址的沿革情况及其与蜀岗古城南城门的位置关系，加之具有排叉柱坑边填缝砖之规格、绳纹等特征的砖的下限为隋末唐初，因此似可推测该门址亦与隋唐时期蜀岗古城的北城门相关，或可作为探寻隋江都宫城中轴线的重要线索。

第三期遗存为杨吴时期在城墙外（北）侧开挖的基槽和垒砌的包砖墙，基槽打破了第二期遗存及堆积其上的地层，且与城门东、西两侧城墙的北侧边线在东西一线上，因此推测本期遗存或为杨吴时期封堵城门而留下的遗迹。根据城砖的相关研究，长42或43、宽23或24、厚6厘米且端面或平面上有带有边框的戳印阳文的砖，在扬州是杨吴时期所特有的一种用砖，由此可以推定

第二期遗存门槛石和门枢石
Second-phase remains: Stone threshold and pivot

第二期遗存土坯修砌的门道西边壁（东南—西北）
Second-phase remains: Adobe-built western-side wall of the gate-way (SE-NW)

第二期遗存门道东边壁南部土坯外侧所贴瓦片
Second-phase remains: Paving Tiles of the southern adobe on the eastern-side wall of the gate-way

第三期遗存属于杨吴时期。

第四期遗存为南宋时期的城门遗址，叠压在前期门道之上，包含门洞边壁砌砖底部及柱坑和柱洞、门道等。门道北半部内收，南北长约9.25、北口宽约4.25、南口宽约4.7米。门道北半部东、西两侧各有一列南北向的柱洞，两列柱洞的中心间距约为3.8、柱洞直径约0.2米，南北向相邻两柱洞的中心间距约为0.9米。门道南半部分东西宽约4.1米，门道边壁南端残存的包砖墙略外撤。用砖中既有"北门壁"文字砖，也有长29、宽15、厚4厘米或长35、宽15、厚6厘米的砖，砖之间用白石灰膏作黏合剂，故可推定本期为南宋时期的城门遗存。另外，在本期的门道北口、门墩北侧均残存大致呈东西向、宽约0.65米、底部可见白石灰膏的基槽，该基槽叠压在杨吴时期包砖基槽的北部之上，

然而，因其与上述南宋时期的遗迹之间没有直接关系，故其属性难以推定。

扬州蜀岗古城北城墙东段西部城门遗址的发现，明确了西汉至南宋时期扬州蜀岗古城的北城墙上不止有一座北城门，确定了汉晋南朝时期扬州广陵城"北门"的位置，再次说明南宋时期曾修缮并使用过唐子城的东半且在"北门"之上重新修建了城门。并且，从该城门遗址的沿革情况及其与蜀岗古城南城门的位置关系来看，或可推测该门址亦与隋唐时期蜀岗古城的北城门相关，或可作为探寻隋江都宫城中轴线的重要线索。该遗址既是反映扬州蜀岗古代城址历史沿革的缩影，也是研究中国古代城门形制变化及相关建筑技术的重要资料。

（供稿：汪勃　王小迎　王睿　束家平）

城砖
City-wall bricks

玉璧残件
Broken jade *bi* discs

云纹瓦当
Tile-end with cloud pattern

青瓷器
Celadon vessel

人面纹瓦当
Tile-end with human face design

第二期遗存门墩西半南侧的砌砖和散水面（西—东）
Second-phase remains: Bricks and apron on the southern side of the western section of the gate-block (W-E)

第二期遗存门道北口西侧的柱础石、砌砖（东北—西南）
Second-phase remains: Plinth and bricks on the western side of the northern entrance of the gate-way (NE-SW)

第三期遗存包砖墙及其基槽（北—南）
Third-phase remains: Brick-paved wall and its foundation-trench (N-S)

第四期遗存门道南口西侧底部平铺砖的柱坑（东—西）
Forth-phase remains: Brick-bottomed column-pit on the western side of the southern entrance of the gate-way (E-W)

第四期遗存门道东边壁南端残存的包砖墙（西南—东北）
Forth-phase remains: Brick-surfaced wall at the southern end of the eastern-side wall of the gate-way (SW-NE)

第四期遗存门墩北侧底部残存白石灰膏的基槽
Forth-phase remains: White lime-paste traces on the northern-side bottom of the gate-block

The Shugang City-site is located in Hanjiang District of Yangzhou City, Jiangsu Province. In 2016 to 2017, the Institute of Archaeology, CASS and other institutions carried out there excavation and clarified this gate-site of the times from the Han to the Southern Song periods. The western gate-site of the eastern section of northern city-wall includes the vestiges of a watch tower, gate foundations, a gate-way, a bridle path and a section of city wall, which remain in quite a good condition. The excavation results show that from the Western Han to the Southern Song periods, there existed more than one northern city-gate in the northern city-wall of Yangzhou Shugang City. It has now became clear and definite where was located the "northern gate" of Yangzhou Guangling City during the Han, Jin and Southern Dynasties periods. Judged by the history of this city-gate and its location relative to the Shugang City's southern gate, it might be inferred that the presently excavated city-gate site could be associated with the northern city-gate of the Shugang City in the Sui and Tang periods. Thus the excavation results might give an important clue for locating the central axis of the Jiangdu palace-city in the Sui Period.

汉魏洛阳城宫城
太极殿宫院遗址发掘收获

ACHIEVEMENTS IN THE EXCAVATION ON THE TAIJI-PAVILION COMPOUND-SITE IN THE PALACE-CITY WITHIN LUOYANG CITY OF THE HAN AND WEI PERIODS

汉魏洛阳城宫城太极殿宫院遗址位于河南省孟津县平乐镇金村南，2011～2015年，中国社会科学院考古研究所洛阳汉魏城队通过对太极殿、太极东堂的发掘，明确了魏晋、北魏时期太极殿的建筑布局和形制演变。2016～2017年，分别对太极殿宫院东北角、北侧廊庑建筑等进行了发掘。同时结合发现的晚期遗迹，对北周时期在太极殿宫院营建的夯土基址位置和范围进行了勘探确认。

2015年，在太极东堂台基北侧发现了一座由廊庑围合的大型院落局部，编号宫城十三号建筑遗址。此次发掘揭露了该院落东部，院落呈长方形，东西长96、南北残长27米，北侧被北周夯土基址破坏。院落内由两道南北向廊庑分隔为西院、中院和东院。中院东西长52米，两侧院落东西均长19.2米，左右对称。间隔院落的廊庑上均设有单门道门址，门道宽约3.3米。其中南廊中部的门址南北连通中院和太极东堂，东西两侧廊房南部各设一门址分别连通中院与东、西院。此次发掘的东院，西、南、东三面以廊庑合围，

中部北侧为庭院，南侧有一房址。房址北向，北面居中有门址通往庭院。房址为长方形，东西长10.4、南北进深7米，四周以宽约0.9米的夯土墙围合，形成净宽8.5、深5.2米的空间。根据四周夯土墙上残留的础坑，可以确定该房址东西面阔三间、南北进深两间，开间约3.1米。房址内部地面为保存较好、做工考究的白灰地面，高于北侧的庭院地面约0.35米。

院落的外围廊和隔廊均是由夯土隔墙、墙心柱及檐柱搭建而成，廊庑进深3.9米，南廊共有23间，开间3.9米。院落的东围廊同时也是整个太极殿宫院的外围廊，故只在西侧设一排檐柱。该围廊后墙东侧4.7米处，另有与其平行的夯墙，宽1.1～1.2米，发掘长度近100米，结合太极殿宫院东南角的发掘，可以确认是太极殿宫院的东墙。在宫院东围廊与东墙之间，为宽约4.7米的夹道。这种由围廊后墙和外墙之间形成的夹道，在太极殿宫院西南角也有发现，表明太极殿宫院的东西两侧，由内而外分别为外围廊、夹道和宫院外墙。

太极殿宫院遗址全景（南一北）
A full view of the Taiji-Pavilion compound (S-N)

在宫城十三号建筑遗址的南部，即太极东堂台基东侧约18米处，还发现一座平面近长方形的夯土殿基。殿基东西长约18.3、南北宽约15.1米，南侧居中有一南北向墁道，宽约2.6、南北残长约5.8米。台基顶面保存较差，台基的东、北、西三面有宽约0.9米的夯墙基址，东、西墙基上各分布有4个础坑，北墙基上有6个墙心柱坑，表明该基址为一面阔五间、进深三间的殿址。在殿址北侧设置有面阔五间、进深一间的廊房，其规格与院落围廊、宫院围廊基本一致。这部分廊房与院落南围廊之间，形成东西宽约18、南北深约4.1米的天井，并向西与太极东堂北侧的天井相连。

2015年，为了解太极殿北侧区域内的地层堆积及建筑分布情况，在太极殿北侧发掘一条南北向探沟，发现了较为复杂的不同时期夯土基址。为进一步明确上述夯土基址的分布与建筑形制，从2016年开始对太极殿北侧进行大面积发掘，编号为宫城十四号建筑遗址，发掘面积约2000平方米。

在太极殿北侧发现一组东西向廊庑建筑，南距太极殿发掘区约30米。该廊庑基址与太极东堂北侧大型院落的廊庑建筑结构和规模一致，均是由夯土隔墙、墙心柱及两侧檐柱搭建而成，进深

太极殿宫院东北角遗址（南一北）
Site of the northeastern corner of the Taiji Pavilion compound (S-N)

太极殿宫院东北角遗址（西北一东南）
Site of the northeastern corner of the Taiji Pavilion compound (NW-SE)

太极殿宫院东北角院落廊房（东北一西南）
Corridor in the northeastern corner of the Taiji Pavilion compound (NE-SW)

太极殿宫院东北角院落与宫墙之间夹道（南一北）
Narrow lane between the northeastern corner of the Taiji Pavilion and the outer wall of the compound (S-N)

太极殿宫院东北角院落门址（西一东）
Gate-site of the northeastern corner of the Taiji Pavilion compound (W-E)

太极殿宫院东北角院落水渠（东一西）
Drainage in the northeastern corner of the Taiji Pavilion compound (E-W)

太极殿北侧廊房与宫门（东一西）
Northern corridor and gate of the Taiji-Pavilion (E-W)

西安隋唐长安城东市遗址
2015 ～ 2016 年发掘收获

ACHIEVEMENTS IN THE 2015 TO 2016 EXCAVATION ON THE EAST MARKET-SITE IN SUI AND TANG PERIODS CHANG'AN CITY WITHIN PRESENT-DAY XI'AN CITY

隋大兴、唐长安城始建于隋文帝开皇二年（582 年），是中世纪世界最大、最繁华的国际大都市之一。作为其中一处工商业区，东市有着举足轻重的地位，历来为史学界所关注。东市遗址最早发现于 20 世纪 50 年代后期，初步勘探显示，其东北与兴庆宫公园相望，西起今安东街，东至经九路，北邻咸宁西路，南接友谊东路，平面近正方形，四周围以夯土墙，内部以"井"字形大街等分为九宫格状，规划整齐，布局严密。2015 年 4 月至 2016 年 12 月，中国社会科学院考古研究所陕西第一工作队对东市遗址的东部和东北隅展开了大规模勘探和发掘，考古工作以新修的乐居场路为界，分为南、北两区。

南区位于遗址东部，勘探范围南北长 180.05、东西宽 120.02 米，总面积 21609.6 平方米。南区内文化遗存较多，尤以唐代文化堆积较厚、分布较密集，共发现道路 3 条、排水沟 3 条、作坊遗迹 1 处、水井 4 口、窖井 2 口、渗井 11 口、灰坑 12 个以及沤泥池 1 个、陶瓷坑 1 个、活土坑 3 个。

三条道路（L1 ～ L3）均为南北向，宽 9 ～ 10 米，皆呈坡状顺地势自南向北而下，工作区域内高差达 1.5 米。道路基本平行排列，间距 36 米，路土坚硬，厚 0.5 米，路表可见清晰的车辙痕迹。沿路皆有排水沟（Q1 ～ Q3），沟宽 2.2 ～ 2.4、深 1.18 米。其中 Q1、Q3 分别位于 L1、L3 西侧，Q2 位于 L2 中间，沟底局部有架设简易木桥的遗迹。断面显示，三条路均直接叠压在生土上，应是隋初规划开辟的街巷道路。

作坊遗迹位于 L2 以东，地面较 L2 高 0.5 ～ 0.7 米，残存有柱窝、烧土面等简易建筑遗迹，并密集分布有操作坑、水井、窖井、渗井、沤泥池等遗迹，出土砺石、石臼、骨器残料、玉石废料、陶瓷器残件等。

水井（J5、J10、T1J1、T1J7）均为圆形砖砌水井。其中，J5 井口砌砖壁，共 6 层，一平一侧立交互叠压，口径约 1.32、深 3.8 米。T1J1 井口局部已被破坏，井壁残存 53 层平铺砖圈，井底有平铺砖块，口径约 1.2、深 3.6 米。

窖井（T1J3、J9）井口均为砖砌，较浅，可能用于储物保鲜。T1J3 位于作坊遗迹区内，平面呈圆形，井口已被破坏，上部有以长方形砖砌成的井圈，现仅存最下方的两层，下部直径缩小，土壁，上部口径 0.76、残深 1.66 米。

渗井（J1、J2、J4、J6、T1J2、T1J4 ～ T1J6、T1J8 ～ T1J10）均为土壁，较深，井壁及底部往往有青灰色淤泥，井口径 0.5 ～ 1.5 米不等。

灰坑（T1H1 ～ T1H12）形状多呈不规则长方形，大小、深浅不一，或大坑内套有小坑，或大坑废弃后被后挖的渗井打破。其中，T1H5 位于道路边，平面呈规整的梯形，四角略圆，坑壁直且整齐，东壁有 3 个、西壁有 1 个脚窝，坑内填有密实的灰土，层次较清楚，应为废弃后垫实，坑口长 1.8、宽 1.02 米，深 2.1 米。

沤泥池位于作坊遗迹区内，口、底平面均呈规整的正方形，四壁整齐，应用木板围成，东、西壁面略向西倾斜，池内出有细泥，池口边长 0.62、深 0.8 米。

陶瓮坑位于探方 T1 的中东部，周围有水井、灰坑、渗井。上部已被破坏，仅存陶瓮底部尚在原位，瓮底直径 40、残高 60 厘米。从遗迹现象观察，其应为先挖坑，后埋入陶瓮，性质应属储水器。

活土坑系钻探发现，平面呈不规则长方形，大者长 2.85、宽 1.8、深 1.7 米，小者长 1.25、宽 1、深 1.5 米。从局部剖面看，深浅不一，内填粗松、多呈团块状的褐色黄土，与坑周边的土质、土色有明显区别，显系别处移来，但不出遗物，或为堆放于此，以作沤泥的备料。

南区采集和出土了砖瓦、陶器、瓷器、三彩器、玉石器、骨器、蚌器、玻璃器、铜器等唐代遗物 450 件，包括建筑构件、生活用品、装饰品、钱币、佛教用品、作坊加工器具及废料等类别。

北区位于遗址东北部，东隔经九路与西安交通大学北部相望，西、南邻乐居社区，平面近长方形，东西长 360、南北宽 245 米，实际工作面积 85600 平方米，试掘面积 2825 平方米。

北区初步勘探出隋唐时期各类遗迹 5 处，包括池址 2 处、道路 1 条、踩踏活动面 1 处、井 1 口。

发掘工作共布探沟 4 条（T1～T4）。其中，T2 已完成发掘，T1、T3、T4 的唐以后文化堆积基本清理完毕，局部已接近唐代晚期活动面，T3 发现有 3 处夯土基址，外侧散水砖保存较好。

T2 位于发掘区东南，东西长 10、南北宽 5 米，共清理遗迹 21 处，包括灰坑 15 个、窖坑 4 个、井 1 口、道路 1 条。灰坑开口形状各异，有椭圆形、圆形、长方形、不规则形等，开口大小、深浅不一，出土砖瓦残块或无遗物。窖坑开口均呈圆形，直径 0.6～1.1、深 0.95～1.6 米，内填灰褐色土，出土砖瓦残块。井开口平面呈圆形，直径 0.6、深 2 米，内填灰褐色土，出土零星砖瓦残块。道路由砖块铺砌，不甚规整，南北向，发掘长 5、宽近 1 米，南北均伸出 T2 之外。根据出土器物判断，这一区域可能为唐代手工业作坊区。

北区出土器物 300 余件，多为砖瓦类建筑构件，其次为陶瓷器，还有大量骨器、石器、铜器、铁器和铜钱等，其中莲纹石础、"仙仁"瓦当、莲纹骨梳柄等尤为珍贵。

本次发掘为认识、复原东市遗址的布局提供了可靠的实物资料。首先，南区 L2 以东部分地面较高，密集分布有灰坑、水井、渗井等遗迹，且出土了砺石、石臼、玉石废料、骨器废料、带有墨书"□家酒店"字样的瓷壶底片以及 50 多枚"开元通宝"等反映市场遗址特性的遗物，不

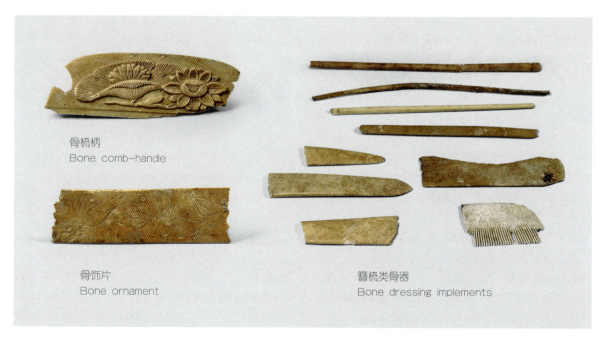

骨梳柄
Bone comb-handle

骨饰片
Bone ornament

簪梳类骨器
Bone dressing implements

南区T1全景
A full view of Excavation Grid T1 in the southern area

南区L1及车辙碾痕
Road L1 with rats in the southern area

南区J9
Well J9 in the southern area

北区砖井
Brick wells in the northern area

仅与西市遗址发现的遗迹、遗物类似，也与文献记载的东市情况相符，可推断此处应是前店后坊的作坊加工区。其次，南区发现道路的中间或一侧有排水沟，根据它们所在位置、宽度（均窄于"井"字形正街）、车辙等遗迹分析，当为市内的曲巷道路，为运料、出货、内部交通及排水等用途所设。

经过对隋唐长安城东市遗址的调查、初步勘探和试掘，基本查明了考古工作范围内的文化层堆积及遗迹分布的大致情况。本次勘探和发掘的遗迹单位基本可明确为隋唐时期东市遗址的重要遗存，对于了解东市的形制布局及手工业、商业等内容具有重要价值。此外，北区T2及正在发掘的T1、T3、T4均显示，东市遗址的文化层堆积较好、遗迹种类丰富、保存状况良好，值得进一步开展大规模的考古发掘和相关的保护及展示工作。

（供稿：李春林　龚国强）

125

莲纹方砖
Square brick with lotus pattern

莲纹瓦当
Tile-end with lotus pattern

莲纹瓦当
Tile-end with lotus pattern

白瓷马
White porcelain horse
tomb-figure

"仙仁" 瓦当
Tile-end with inscription "仙仁"

瓷壶底部残片
A shard of porcelain pot
bottom

白瓷小羊
White porcelain la

汉白玉熊镇
Bear-shaped white-
marble paper-weight

陶铃
Pottery bell

酱黑釉骑马俑
Brownish-black-glazed
mounted tomb-figure

墨书道符卵石
Pebble with ink-dra
Taoist magic figure

From April 2015 to December 2016, the First Shaanxi Working Team of the Institute of Archaeology, CASS carried out a large-scale exploration and excavation in the eastern area and northeastern corner of the East Market-site in the Sui and Tang periods Chang'an City within present-day Xi'an City. The work was conducted in the area to the east of Lejuchang Community in Beilin District, to the west of Jingjiu Road and to the north of Jiandong Street, which was divided into a northern and a southern sub-areas with the Lejuchang Road as the demarcation line. Within these limits the exploration covered an area of nearly 110,000 sq m while the excavation opened 2,900 sq m in total. These operations brought to light rich vestiges, such as roads, drains, remains of workshops, wells and ash-pits. The collected and unearthed Tang Period artifacts total 750 pieces, including mainly brick and tile structural members, as well as pottery, porcelain, bone, stone, jade and bronze objects. The present archaeological work has important value for investigating the shape and layout of the East Market in the Sui and Tang Chang'an City and also for inquiring into the contents of the then handicraft, commerce and so on.

浙江永嘉坦头
唐代瓯窑遗址

TANG PERIOD TANTOU OU-WARE PORCELAIN KILN-SITE IN YONGJIA COUNTY, ZHEJIANG PROVINCE

坦头窑址位于浙江省温州市永嘉县三江街道龙下村，此处是楠溪江入瓯江口，也是瓯窑的重要分布区。为配合基本建设，经国家文物局批准，2017年5～12月，浙江省文物考古研究所会同温州市文物保护考古所、永嘉县文物馆对窑址进行了发掘，发掘面积950平方米，揭露出龙窑炉及包括釉料缸、辘轳坑、贮泥池等在内的作坊遗迹和丰富的祭祀遗迹，出土了大量高质量的青瓷器及各种类型的窑具等。

窑炉为依山而建的南方传统龙窑，长近40.4、宽2～2.1米，基本呈东西向，保存相当完整，保留了包括窑前操作面、火门、火膛、窑室、窑尾排烟室、多个窑门、窑炉两侧的柱洞与护窑墙以及石砌地面等在内的较完整结构。窑前操作面呈扇形向火门方向倾斜，低于现存地面近1米。火膛低于整个窑室近0.3米，前端呈圆弧形，保留长方形通风口以上的弧形拱顶，结构完整，四壁及底部烧结严重。窑壁使用砖坯砌筑，窑室内铺厚达0.1米的细沙，沙里插立排列整齐的粗矮喇叭形支烧具。窑门为长方形，用砌坯砌筑，基本与窑底平齐。窑尾排烟室较窄，尾部外凸，呈凸窄的长方形，与窑室相连的窑尾墙底端有排烟道。窑炉两侧是宽2.4～2.5米的护窑墙，用石块砌筑边坎，整体高于周边地面，在护窑墙上发现了多个柱洞与柱础，排列整齐有序，判定窑炉上方有护窑棚。窑炉两侧地面均用小石块铺砌，平坦、坚硬。

作坊区集中在窑炉西南角。贮泥池呈圆形，

遗址全景
A full view of the site

窑前工作面与火膛
Working space before the kiln and furnace

窑炉
Kiln furnace

辘轳坑

辘轳坑
Windlass pit

直接在生土上挖坑而成，直径近2.7、深近0.8米，四壁规整，底部保存大量极其纯净的瓷土，这种挖地而成的深土坑具有极佳的保湿功能，是保存瓷土的理想方式。辘轳坑呈圆形，中心是一个小圆形轴洞，中圈是圆环形填土，外圈是圆形石砌的护坑石，石砌圈内直径0.65、中心轴洞直径0.1米。釉料缸是深褐色的带釉大缸，外圈以大石块砌筑保护。辘轳坑与釉料缸均位于窑头东南的窑棚范围内。此外，在窑头附近的两侧均发现了成组柱洞，应是晾坯、修坯、放置原料及柴火等的作坊建筑。

祭祀遗迹位于窑炉北侧，由火烧坑、器物坑、石砌挡墙与石砌地面组成。火烧坑呈圆形，直径近1.75、深近1米，四壁斜直，外圈以大石块砌筑保护，底部因长期经火烧烤而呈红褐色，且相当坚硬。器物坑位于火烧坑北侧，是一近椭圆形的小坑，南北长0.62、东西宽0.46、现存深约0.2米，内有摆放整齐的两件器物，均为唐代瓯窑的罐，器形略有差异，均为大侈口、短颈、深弧腹、平底，肩部有双系，一件罐上盖有两件唐代瓯窑的宽圈足碗，另一件罐上盖一件筒形瓷质匣钵，明显具有某种仪式功能。火烧坑的上坡方向是一道石砌挡墙，石块较大，再往上是由小石块铺砌的地面，平整、坚硬。

窑业废品堆积主要位于窑炉前端两侧的下坡低地区，出土器物丰富，除各种类型的碗外，亦有大量壶、罐、钵、盆、盒、碟、灯盏、盏、碾轮等，窑具有各种类型的匣钵、支烧具与间隔具等。

每种器类通常有多种造型。碗主要包括宽圈足与玉璧底两种，宽圈足碗又包括侈口与敞口两种，玉璧底碗包括敞口斜弧腹与近直口深弧腹等。壶的造型最为丰富，有执壶、侧把壶、凤首壶、扁腹壶等。执壶按腹部区别分有最大径在肩部的深斜弧腹壶、最大径在中部的橄榄腹壶、最大径在底部的垂腹壶，按器口分有直口壶、盘口壶、大喇叭口壶，按腹部装饰分有圆腹壶、瓜棱壶、鱼形壶等；侧把壶有盘口扁腹与直口瘦长腹等多种形制。

器物以素面为主，少量有细线划花与褐彩装饰。细线划花主要位于碗、盆类器物的内底腹和壶类器物的外腹部等，题材主要是对称的四叶荷瓣。亦有少量器物做成仿生造型与装饰，如葫芦形瓶、装饰有鱼鳞纹的鱼形壶等。褐彩装饰极具特色，执壶类器物腹部褐彩多呈不规则条带状三

釉料缸
Glaze vat

火烧坑
Firing pit

器物坑
Finished-products pit

组等距布局，罐类器物褐彩则为大块圆斑状对称布局或等距布局，盖面褐彩为点状多个分布。

出土瓷器均为青瓷产品，质量上乘。胎质细腻、坚致，呈灰白色，胎土纯净，几乎不见气孔与黑色斑点等杂质。釉色极佳，以淡青釉为主，玻璃质感强，釉面晶莹，多数器物施满釉，尤其是执壶、罐、瓶、钵、盆类大型器物，施釉到底，仅叠烧器物外底施釉不及底。少量器物质量极高，可与越窑秘色瓷相媲美。

窑具以匣钵最为常见，以钵形、筒形匣钵为主，胎质较细，主要为粗瓷质匣钵，亦见有少量细瓷质匣钵及使用釉封口技术。支烧具均为粗矮喇叭形。垫具数量不多，均为瓷质，多呈覆盂形，极少量为碟形。在部分匣钵上发现了文字，包括"余王监""罗七官作碗……"等。

由一件匣钵上存有的"大中十一年"（857年）纪年，可确定窑址的时代为唐代晚期。

坦头窑址是瓯窑的重要窑场。瓯窑是浙江乃至国内的重要窑场之一，也是最早出现在文献中的窑场，晋杜毓在《荈赋》中曾写道"器择陶拣，出自东瓯"，东瓯即今永嘉一带。坦头窑址的发掘具有十分重要的意义。

第一，首次完整揭露了唐代瓯窑窑场，理清了窑场的基本布局及窑炉的完整结构等窑业基本信息。窑场以龙窑炉为中心，主要由作坊遗迹、祭祀遗迹以及废品堆积三部分组成。作坊遗迹包括了从贮存瓷土、拉坯、上釉、晾坯到烧成的完整制瓷序列，可基本完整复原唐代瓯窑的制瓷技艺。

第二，首次在窑址内发现了丰富的祭祀遗迹，包括火烧坑、器物坑、挡墙与石砌地面等。从近现代窑场的活动来看，祭窑神是烧窑过程中很重要的一个环节，但一直以来古代窑场的祭祀活动多限于推测而缺乏实物证据。坦头窑址丰富的祭祀遗迹不仅证实了窑场祭祀活动的存在，而且与古代东瓯地区向来以"信巫鬼、重淫祀"闻名于世、近现代温州地区几乎每个村落均有多个不同的宗教道场这种浓郁的宗教氛围相吻合。

第三，首次较全面地获取了唐代瓯窑产品的基本面貌与特征，即产品种类相当丰富，除碗、盘类外，还大量烧造高质量的壶、瓶类器物，胎釉质量上乘，面貌上以浅白胎体上施以各种彩绘瓷最具特征，在国内同时期窑业中独树一帜。

第四，首次在上林湖以外地区发现了用釉封口的瓷质匣钵以及可与秘色瓷相媲美的部分高质量青瓷。

第五，首次在窑址中发现了纪年标本，为唐代晚期瓯窑产品确立了年代标尺。

第六，首次发现了唐代"官作"字样，对于整个唐代窑业管理制度的理解具有指向性意义。

（供稿：郑建明　周圣玉　许洁琼　张馨月）

青瓷执壶
Celadon ewers

青瓷执壶
Celadon ewer

青瓷执壶
Celadon ewer

青瓷凤首壶
Celadon phoenix—head pot

青瓷葫芦瓶
Gourd—shaped
celadon vase

青瓷钵
Celadon *bo* bowl

青瓷盂
Celadon *yu* vase

青瓷盂
Celadon *yu* vase

青瓷碗
Celadon bowl

瓷质匣钵
Porcelain sagger

The Tantou Kiln-site is located at Longxia Village of Sanjiang Residential District in Yongjia County, Wenzhou City, Zhejiang Province. In coordination with capital construction, from May to December 2017, the Zhejiang Provincial Institute of Cultural Relics and Archaeology and other institutions carried out excavation on the site. They revealed rich remains of a porcelain workshop, a dragon kiln and sacrificial traces, and discovered lots of high-quality celadon artifacts and various kiln implements. The dating inscription "大中" unearthed from cultural accumulations indicates that the site must go back to the late Tang Period. The excavation for the first time wholly brought to light a Tang Period Ou-ware porcelain workshop, which provided roughly all-round information on the basic aspects and features of Tang Period Ou-ware porcelain and revealed for the first time the then inscription "官作". All these have important value for studying the Tang Period Ou-ware and the then whole porcelain production management.

陕西富平
唐李道坚墓发掘收获

ACHIEVEMENTS IN THE EXCAVATION OF THE TANG PERIOD LI DAOJIAN'S TOMB IN FUPING COUNTY, SHAANXI PROVINCE

李道坚墓位于陕西省渭南市富平县城西南城关镇新庄村道川组，位于献陵东北约 2 公里处。此墓曾多次被盗，富平县文物部门曾于 1994 年对墓葬进行了初步调查，发现其墓室内壁画保存较好，内容丰富，将此墓命名为富平朱家道村壁画唐墓，并于 1997 年发表了部分壁画资料。2017 年，陕西省考古研究院对墓葬进行了抢救性发掘，至 2017 年底，墓葬田野考古发掘工作已经结束，对墓葬周边遗迹的勘探及墓葬壁画的保护工作还在进行中。

李道坚墓为一座长斜坡墓道单室砖室壁画墓，有天井 5 个、壁龛 4 个。墓室地面封土已被破坏，现存直径约 3、高约 1.5 米。墓葬原始地表保存状况较好，在地表天井两侧、墓圹拐角外均发现有疑似柱洞的痕迹，推测可能为建造墓葬时临时搭建的建筑遗迹。同时，在封土及墓圹顶部交界处发现有横排的圆木遗迹，可能是在堆砌封土时起加固支撑作用。

墓葬全墓绘制壁画。墓道两侧绘有青龙、白虎。第一过洞迎面有门楼图，仅残存局部，可见为单层庑殿顶建筑。过洞内两侧壁画可识别的有胡人牵驼、奔马等形象，另在两壁各绘有列戟图，两侧合计十二支戟，符合墓主嗣王身份等级。墓葬甬道及墓室内壁画保存相对较好，部分人物形象仍清晰可辨。甬道两侧绘侍女，人物均面向墓室站立，相邻人物之间保持一定距离。

墓室四壁壁画布局如下：东壁为乐舞图；北壁东侧绘双鹤对舞独扇屏风，西侧绘昆仑奴牵牛独扇屏风；西壁北侧棺床边绘有六扇山水屏风；南壁西侧有卧狮独扇屏风。另在北壁两屏风间、西壁山水屏风旁绘有侍从、书童形象。

东壁乐舞图为墓室壁画的中心内容。画面共有三组人物，北侧一组为七人乐伎，中部为一女性舞者，南侧为一组两仕女面向舞者拱手站立。七名乐伎均头戴黑色透额幞头，着圆领长袍，脚穿靴或线鞋，前后参差盘坐于方毯上奏乐。最前排三人，一人抱竖箜篌双手弹拨，一人持四弦琵琶用木拨弹，一人持拍板；第二排三人，自南向北所持乐器依次为笙、萧、横笛；第三排一人，持钹，双手举起在头侧作演奏状。中部女性舞者面部、腰身处残损较多，着长袖襦裙，肩绕披帛，于圆形"舞筵"上翩然起舞。南侧两仕女梳高髻，装束与舞者近似，身份或为等待表演的舞者。

墓室的屏风画计有独扇立屏三幅、六扇折屏一组。北壁东侧的双鹤屏风画中，双鹤振翅对舞，羽毛线条清晰，西侧一只回首作顾盼状，双鹤之间绘有一座假山石。北壁西侧的昆仑奴牵牛屏风画中，昆仑奴卷发，厚唇，赭色皮肤，上身斜披帛带，下着轻薄短裤，手脚带钏，身体略后仰，紧拽缰绳，似要拉回竭力挣脱的"犟"牛。牛的形象和绘画风格与传世"五牛图"相近，神态生动，个性突出。墓室南壁西侧的卧狮屏风画中，一头雄狮在圆形毯上向西而卧，眼睛圆睁，回首张口，头颈部黄色鬣毛蓬松，爪趾锋利，体态健硕威武。墓室西壁的六扇山水屏风画，因画面空鼓、脱落，保存状况不佳，但仍可辨笔墨力道。六扇画面中，均峭壁高耸，有的绘出山谷和穿流其间的山涧溪流，山上云气蒸腾，有的画面最上部用橙红色绘霞彩，画面重视线条变化，山石重叠，凹陷处用淡墨青色勾染。

此墓由于多次被盗，随葬器物基本不存，壁龛及墓室内部均受到较严重的破坏，仅在第二天井下东侧壁龛内出土一批陶俑、陶动物，其中动物包括鸡、狗、猪、马及较多骆驼等，另在甬道口出土墓志一合。

根据墓志可知，墓主李道坚为唐高祖李渊重孙，卒于开元二十六年（738年）。其祖父为唐高祖的第十九子鲁王李灵夔，其父为范阳郡王李蔼。文献记载，李道坚祖父李灵夔参与了越王李贞反对武则天的叛乱，失败后流放振州，其后自尽，其父举报李贞叛乱有功免罪，中宗复辟后李道坚继承其祖父爵位，封为嗣鲁王。文献又载，李道坚祖父和父亲在书画方面都有较高的造诣，因此李道坚应从小生于书香门第，受到家庭环境熏陶。志文载李道坚先后历任数州刺史，并在国子监、秘书监等处任职，晚年兼任太常寺、鸿胪寺、宗正卿事务，故李道坚墓中出现的昆仑奴、骆驼以及真实狮子形象的卧狮壁画等可能与其负责鸿胪寺的任职背景有关。

李道坚墓最受关注的为其墓室壁画，内容丰富，题材独特，其山水屏风为目前发现的唐代较早的山水屏风壁画。此次发掘，虽然因自然损毁，部分画面脱落，但残余内容仍十分丰富，补充了全墓壁画空间布局、各题材分布等资料，对壁画绘制技法和绘制过程的研究具有重要意义。与此同时，新出土的墓志提供了墓葬的准确年代，为此墓研究提供了极为重要的依据。

1997年李道坚墓部分壁画资料发表后，考古、美术史界围绕其屏风画，尤其山水屏风画、墓葬壁画题材等展开过较多讨论。本次发掘对李道坚墓壁画的特点和意义有了更多认识。首先，李道坚墓壁画题材的最大特点是绘有多幅屏风画。墓室内共有三幅独扇立屏和一组六扇折屏壁画，各屏风或对称照应，或高低错落，表现出不同功能。屏风内容包含山水、人物、畜兽、禽鸟等，似已有画科分类。山水屏风画以形制各异的独峰、云气构图，以不同笔法的墨线描轮廓，敷淡彩淡墨于晕染中，屏风轮廓又以界尺画线，这些对中国早期山水画工艺研究意义重大。其次，墓室壁画

内容动静相宜，甚至包含了"音声"的概念，乐舞图及畜兽的动感包含有声音的交汇场景，似乎是打破生死界限的一种方式，说明墓室的布局考虑到了时间和空间的分布与联系。第三，目前发现的唐代山水壁画基本均出现在开元年间的墓葬中，体现了玄宗朝皇室贵族的爱好和当时的流行风尚。相较而言，李道坚墓壁画工整精细，而同时期的韩休墓壁画则潇洒随意，或与墓主身份、等级和家世背景有关。

李道坚墓田野考古发掘工作已经完成，接下来将采取多种科技手段相结合的工作方式，在对壁画进行维护的同时，对壁画所使用的原料、颜料、工艺等多方面进行分析，利用数字化科技手段对壁画资料进行记录，并且依据已有资料尝试进行复原等工作，从而更好地对李道坚墓壁画进行保护及研究。

（供稿：李坤　胡春勃）

甬道东壁壁画局部
Part of the painting on the eastern wall of the passage

陶猪
Pottery pig

陶鸡
Pottery chicken

陶俑
Pottery figurine

陶俑
Pottery figurine

陶鸭
Pottery duck

陶骆驼
Pottery camel

陶马
Pottery horse

墓室东壁乐舞图
Music and dance performance painted on the eastern wall of the burial chamber

墓室南壁卧狮屏风画
Lying lion and screen painted on the southern wall of the burial chamber

The Tang Period Li Daojian's tomb is located at Daoli Residential Area of Xinzhuang Village in Chengguan Town of Fuping County, Weinan City, Shaanxi Province. This is a satellite burial of the Xianling Mausoleum. Previously it was repeatedly rubbed. In 1994, a preliminary survey was carried out at the spot, which was followed by publishing some wall paintings. In 2017, the Shaanxi Provincial Institute of Archaeology conducted a rescuing excavation. This is a single-brick-chambered burial with wall-paintings inside and a long sloping passage outside. The unearthed objects include terra-cotta tomb-figurines, pottery animals and a stone epitaph.

According to the inscription, the tomb-owner was Li Daojian, a great-grandson of the first Tang Dynasty emperor Li Yuan. He died in the 26th year of the Tang-Dynasty Kaiyuan Reign (738 AD). The wall-paintings are rich in contents and unique in subject, while the landscape painted on the screen is a rather early work among the so far discovered Tang Period mountains-and-waters wall-paintings. The excavation brought to light additional material for researching the spatial layout and the distribution of various depicted objects in an all-walls-covering tomb-picture. Moreover, the exact date of the tomb provided important basis for further studying this grave.

湖南长沙铜官窑遗址
石渚片区发掘收获

ACHIEVEMENTS IN THE EXCAVATION ON THE SHIZHU SUB-SITE OF THE TONGGUAN-WARE KILN-SITE IN CHANGSHA CITY, HUNAN PROVINCE

2016 年 7 月至 2017 年 4 月，湖南省文物考古研究所对长沙铜官窑国家考古遗址公园配套服务设施项目工程用地范围内的石渚片区进行了抢救性发掘。发掘区位于长沙市望城区铜官街道石渚湖村石渚组，发掘面积 2275 平方米，共揭露灰坑 25 个、灰沟 2 条、墙基 2 处、炉灶 2 座、房基 1 座，出土大量瓷器、陶器、窑具、铜钱等。此次发掘为拓展长沙铜官窑遗址的历史文化内涵提供了新资料。

石渚发掘区文化层之下的原始地貌西南、东南、西北均较高，形成一条东北走向的缓坡冲沟，冲沟内地势最低，文化堆积层也最厚，达 2.3 米。发掘区文化堆积可分为早、中、晚三期，晚期堆积主要为明清至近现代的建筑和生活垃圾，中期堆积主要为长沙铜官窑取泥、制瓷活动遗存及其废弃堆积，早期堆积为少量两汉、六朝时期活动遗存。以发掘区中部堆积较厚、较完整的 TN18E07 等探方为例介绍发掘区的堆积情况。

第①层：全方分布。灰色夹黄色沙质黏土，土质致密，厚 0.55 ～ 0.8 米，出土砖瓦残片、青花瓷片、长沙窑瓷片、铜钱等，为近现代建筑和生活堆积层。此层下有较多明清时期墙基、柱础石、房基等建筑遗存。

第②层：全方分布，局部呈多层饼状叠压。黄色黏土，土质致密，最厚约 0.8 米，出土青花瓷及少量长沙窑瓷片、匣钵，为明清建筑垫土层。

第③层：全方分布。灰黑色粗沙土，局部夹有黄土块，土质松散，最厚约 0.5 米，出土少量青花瓷、长沙窑瓷片，为明清时期生产生活废弃堆积。

第④层：灰褐色沙质黏土，夹杂较多红烧土颗粒状斑块，土质疏松，最厚约 0.3 米，出土大量长沙窑瓷片、匣钵等，是唐、五代时期石渚窑业废弃堆积。此层下有挖泥洞等较多坑体，坑内多填埋窑业废弃物。

第⑤层：灰黄色泛青的沙质黏土，土质较致密，最厚 0.4 米，出土长沙窑瓷片、匣钵等，有碗、碟、壶、罐等，施青釉、酱釉或乳白釉绿彩，常见装饰褐绿彩绘、贴花等。

第⑥层：青灰色沙质黏土，土质较致密，最厚约 0.6 米，出土较少六朝时期青瓷片、青砖和极少量长沙窑瓷片。

第⑥层之下为黄土面，有少量两汉、六朝时期的灰坑和柱洞，出土青釉平底碗、钱纹罐残片等。

此次发掘较重要的遗迹单位有 H4、H10、H20、H21、H23、H24。其中，H4、H10、H20 为开口于第④层下的唐、五代时期挖泥坑，在坑体周边散布着一些无明显规律的柱洞，应是挖取瓷泥时留下的活动遗存；H21、H23、H24 为开口于第⑥层下的汉末六朝遗存。现择要介绍。

H10 位于 TN17E02 东南与 TN17E03 西南之间，开口于第④层下，打破第⑤层。坑口平面呈不规则圆形，坑口距地表 0.8 米，坑口长 3.28、宽 1.9 米，坑底平面近圆形，直径 0.84 米，坑深 1.4 米。坑壁、坑底均不光滑，未见人工修整痕迹，坑底部为网纹红土和白色瓷土矿。坑内堆积可分 6 层。第①层，灰褐色沙质黏土，土质疏松，平均厚约 0.2 米，包含大量匣钵、红烧土和少量长沙窑瓷片。第②层，局部分布，黄灰色黏土，土质较致密、纯净，平均厚约 0.05 米，未见遗物。第③层，灰褐色沙质黏土，土质较致密，平均厚约 0.4 米，夹杂较多红烧土粒、炭屑，出土大量长沙窑瓷器残件。此层下坑口急收，在坑西南形成一个二层台面。第④层，局部分布于坑东北部，灰白色黏土，夹杂白色瓷泥，土质致密，黏性重，平均厚约 0.06 米，包含少量红烧土、炭屑和长沙窑瓷片。第⑤层，浅灰色沙质黏土，土质较致密，平均厚约 0.5 米，出土褐斑彩绘鸟纹碗、瓷塑龟、瓷塑鸟、砚、青釉露胎碟等长沙窑瓷器残件。第⑥层，灰黄色粉质黏土，夹杂白色瓷泥，土质较致密，平均厚约 0.35 米，出土长沙窑酱釉龙錾壶、青釉碗及少量岳州窑印花与刻花瓷片。

H21 位于 TN18E04 北部，开口于第⑥层下。坑口平面呈圆形，直径 1.2、深 0.2 米，剖面呈平底锅状。坑内堆积为灰黑色沙质黏土，与第⑥层相近，出土青釉平底碗 6 件，具有东汉至西晋

发掘区航拍
Aero-photo of the excavated area

发掘现场
Excavation-site

H20 坑底瓷土矿洞
Ash-pit H20, a porcelain-clay-extracting spot

时期特征。

此次发掘获取了大量不同时代的遗物，以瓷器为主，占90%以上，主要为明清、唐五代及两汉六朝三个时期的遗物。

明清时期遗物主要出土于发掘区第①～③层，以青花碗、杯、碟等器物残片为主，青花色泽或淡雅或浓烈，画工或严谨或草率，做工总体流畅自然，具有景德镇明清民窑青花风格，装饰主题有龙凤、鸟兽、花草、吉祥图案等，其中发现较多"大明成化"款的青花残件。

唐、五代时期的遗物以石渚窑业废弃物为主，主要出土于发掘区第④～⑥层和开口于第④层下的灰坑、挖泥洞等遗迹中，包括大量匣钵和火照、极少垫饼和垫圈等间隔具及少量窑砖，还出土了大量瓷器残次品，器形主要有碗、碟、盏、执壶、罐、碾槽、碾轮、瓷塑动物、枕、器盖、器座、漏斗、炉、网坠、纺轮、水注、擂钵、灯盏、印模、砚、盒、盆、洗等。瓷器大多为素青釉，有较多釉下褐绿彩绘碟、碗，酱釉和白釉绿彩器较少，偶见褐斑贴花器、诗文残器、褐绿点彩残片。

唐、五代时期遗物以画工精练的釉下褐绿彩绘瓷独具特色，器形有碟、碗、盘、洗等，又以碟为最多。这类瓷碟多作四出或五出花瓣状敞口，浅腹，碟心平收，矮环足，在碟心用褐、绿两彩勾绘各种纹饰，褐彩绘经络，绿彩绘轮廓，主题有莲花、童子、花鸟、云气等，尺寸一般为口径15、足径5.5、高3.6厘米。值得注意的是，石渚发掘区出土的褐斑彩绘碗，形制与"黑石号"沉船所见褐斑彩绘碗无异，均在碗口施对称的四块褐斑，碗内用褐、绿两彩绘鸟纹、花草纹等，可证明石渚窑区是长沙窑的外销瓷生产地之一。此外，长沙铜官窑是较早使用火照的唐代窑场，大量火照的出土可以证明石渚窑区工匠对产品品质的追求，以杰出的制瓷工艺弥补了本地制瓷原料的先天不足，为制瓷工艺的进步做出了贡献。

两汉、六朝时期的遗物主要出土于第⑥层及开口于此层下的少量灰坑内和黄土面之上，有陶豆柄、鼎足及青釉平底碗、四系罐、钱纹罐残片、盘口壶残片、饼足杯、平底碟、莲瓣纹碗等。这些遗物说明从两汉以来石渚便是一处重要聚居地，虽未发现该时期的窑具，但六朝时期青瓷尤其是残次变形青瓷器的出土，提示这里并不是普通聚落，可能存在六朝时期的青瓷窑址。

本次发掘证实，明清以来石渚的建筑活动频繁，与地方文献记载中的"石株市"相吻合；宋元时期石渚历史遗存较少，人类活动较微弱，唐、五代时期石渚是长沙铜官窑窑业产销体系的重要组成部分，制瓷活动繁荣，特别是具有外销瓷风格瓷器的出土，证明此处也是长沙铜官窑外销瓷的产地之一，是中晚唐海上丝绸之路和中外物质文化交流的重要节点；早期文化层中，长沙铜官窑瓷器与六朝青瓷残次品、硬陶共存，提示石渚可能还存在六朝时期的窑址，也进一步证实了长沙铜官窑与湘江下游汉唐青瓷窑业技术传统之间的渊源关系。

（供稿：张兴国）

青釉盏
Celadon-glazed cups

火照
Monitors of fire in kiln

白釉褐彩横鋬壶
White-glazed brown-painted
pot with horizontal handle

青釉褐绿彩绘碟
Celadon-glazed brownish-
green-painted dish

青釉褐绿彩绘碟
Celadon-glazed brownish-
green-painted dish

青釉褐绿彩绘碟
Celadon-glazed brownish-
green-painted dish

青釉褐绿彩绘碟
Celadon-glazed brownish-
green-painted dish

青釉褐绿彩绘盘
Celadon-glazed brownish-green-
painted plate

青釉褐绿彩绘碟
Celadon-glazed brownish-
green-painted dish

青釉褐绿彩绘盘
Celadon-glazed brownish-
green-painted plate

火照
Monitor of fire in kiln

From March 2016 to April 2017, in coordination with capital construction, the Hunan Provincial Institute of Cultural Relics and Archaeology carried out salvage excavation on the Shizhu Sub-site of the Tongguan-ware Kiln-site in Changsha City. The excavated area is located at the Shizhu-Lake Village of Tongguan Residential Sub-district in Wangcheng District, Changsha City. In the opened area of 2,275 sq m, the excavators revealed mainly 25 ash-pits (including three clay-extracting pits), two ash-trenches, two spots of wall-foundations, two kitchen ranges and a spot of house-foundations.

The unearthed relics belong mainly to the Ming, Qing, Tang and Five-Dynasties periods and a few to the Han and Six-Dynasties times. The unearthed material indicates that in the Tang and Five-Dynasties periods the Shizhu Workshops were an important component part of the Changsha Tongguan Kilns with flourishing porcelain-making handicraft and constituted one of the producing areas of export Changsha Tongguan ware. The unearthed Six-Dynasties defective goods indicate that down to the Six-Dynasties Period porcelain workshops may have still functioned at Shizhu.

河北正定

开元寺南广场遗址

THE SOUTH SQUARE-SITE OF THE KAIYUAN TEMPLE IN ZHENGDING COUNTY, HEBEI PROVINCE

开元寺南广场遗址位于河北省石家庄市正定县古城中部偏南、开元寺现址的南侧和西侧。开元寺始建于东魏，唐开元年间更名为开元寺，是全国重点文物保护单位。开元寺南广场遗址面积约 12000 平方米，文化层厚 3～6 米，文化遗存丰富。2015 年 8 月至 2016 年 4 月，河北省文物研究所对开元寺南广场遗址开展了考古勘察工作，发现夯土城墙、沟渠、房址等重要遗迹。2016 年 11 月至 2017 年 4 月，经国家文物局批准，河北省文物研究所对该遗址进行了发掘，发掘面积 1035 平方米，主要围绕历代开元寺建筑布局、晚唐五代时期夯土城墙、唐五代宋金至明清时期居民生活遗存三个重点进行。

遗址文化层堆积可划分为 10 层，分属于唐、五代、北宋、金、元、明、清共 7 个历史时期。第①层为现代建筑垃圾层；第②层为现代堆积层；第③层为明清文化层；第④层为元明文化层，F5 被本层叠压；第⑤层为金元文化层，F2、L2、Q2 被本层叠压；第⑥层为金代文化层，F11 被本层叠压；第⑦层为宋金文化层，H50、F1 被本层叠压；第⑧层为宋代文化层，F7、J1 被本层叠压；第⑨层为五代文化层，Q1 被本层叠压；第⑩层为唐中晚期文化层，G2、J2、J3、H21 被本层叠压。

本次发掘共发现各类遗迹 94 处，按照遗迹性质及相互关系，可分别归类为开元寺寺庙建筑系统、晚唐五代城墙防御系统、唐五代宋金至明清民居建筑和街巷系统。

开元寺寺庙建筑系统集中发现于遗址东北部、开元寺现址南侧，共发现唐中期和金元时期两个时代的遗存。唐中期遗存为一条东西向的沟渠（G2），被第⑩层叠压，宽 13、深 1.5～2.15米，东端延伸至发掘区外，西端尽头发现与之相通的池沼遗迹（此处池沼遗迹与现开元寺寺内池塘位置相同，但范围更大），G2 与池沼相连，疑似开元寺寺内引水渠。金元时期遗存包括建筑基址 1 座（F2）、墙基遗存 1 处（Q2）、道路 1 条（L2），均被第⑤层叠压。F2 位于开元寺现址中轴线上，仅存门前慢道部分，推测为金元时期开元寺南门。Q2 发现于 F2 东侧，清理部分长 6、宽 1 米，一直向东延伸，应为开元寺南院墙。L2 发现于 F2 和 Q2 南侧，东西向，宽 10 米，应为开元寺门前大道。F2 在元末被破坏后，开元寺南墙及南门消失。明清时期开元寺建筑布局的南界与现在基本相同。

晚唐五代城墙防御系统位于发掘区中南部，东西向横贯发掘区，主要遗存为一道东西向的夯土城墙（Q1）。Q1 建筑年代可分两期，一期为夯土墙，被第⑨层叠压，打破第⑩层；二期为夯土城台外侧包砖墙并对夯土墙进行局部修补，包砖墙被第⑧层叠压，打破第⑨层。夯土墙体在发掘区内东西向长 130 米，东部墙体向南、北两侧凸出形成城台，平面呈 T 形。夯土墙底部南侧有基槽，系夯筑城墙时对南高北低的原地表找平而形成。基槽北部向上夯筑形成夯土墙体，基槽南部上端找平形成夯土平台，平台面为墙内的一条东西向道路。夯土墙体与夯土平台剖面呈 L 形。在夯土墙城台的夯土主体外表有包砖，破坏较严重，包砖应属后期对城台进行加固或改作其他用途，打破第⑨层。根据夯土墙的建筑结构及形式判断，夯土墙为城墙北墙。初步推断夯土墙建筑年代为晚唐时期，包砖墙建筑年代为五代时期。城墙防御系统在北宋时期已经遭到破坏。结合现有发掘、勘探结果并参考相关文献，初步推测该夯土墙体为晚唐时期真定城的子城城墙。

唐五代宋金至明清民居建筑和街巷系统主要分布于发掘区中南部，以房址、水井、灰坑和窖藏为主。目前发现的房址均属宋金元明时期，多位于发掘区南部、夯土城墙南侧，房屋性质包括民居（F6、F8、F9）、商铺（F1）、民间庙宇（F5、F7、F11）等。水井均为砖砌水井，年代为唐代至宋金时期。水井可分为三类，即砌筑规整、用砖考究、口径较大且较深的官井，深度较浅、靠近池塘、主要起过滤和净化水作用的水井以及深度较深但用砖中包含残砖、砌筑方法不考究的一般水井。灰坑在发现的遗迹中所占比例最大，年代为唐代至明清。按其功用主要可分为三类，即

形状规整的窖穴、形状不规则的取土坑或垃圾坑以及窖藏坑。

本次发掘共出土跨越唐五代至明清时期的可复原器物 2000 余件，可分为日常生活用具、建筑构件、宗教遗物、手工业商业遗物四大类。

日常生活用具以瓷器为主。瓷器时代跨越唐五

五代包砖城台（Q1）
Brick-covered city-wall-platform (Wall Q1) of the Five-Dynasties Period

金元时期开元寺南门（F2）
Kaiyuan Temple's southern gate (House-foundation F2) of the Jin-and-Yuan period

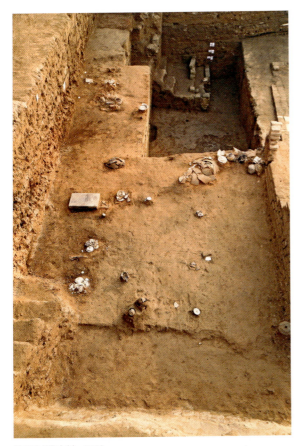

元明时期庙址（F5）
Temple-site (House-foundation F5) of the Yuan-and-Ming period

北宋庙址（F7）
Temple-site (House-foundation F7) of the North-Song Period

代至明清，品种繁多，包括白瓷、青瓷、钧釉瓷、黄釉瓷、黑釉瓷、褐釉瓷、酱釉瓷、青白瓷、绞胎瓷、白地黑花瓷、青花瓷，涉及井陉窑、定窑、磁州窑、邢窑、景德镇窑、钧窑、龙泉窑、耀州窑等窑口，以北方窑口产品为主，基本囊括了各时代最具代表性的器形和装饰技法。其他材质的器物包括以镜、梳、簪、剪为代表的铜器，以梳、刷、簪、耳勺为代表的骨器，以镇、砺石为代表的石器等，数量均较少。此外还发现玛瑙珠、水晶珠、料簪等饰品及汉、唐、五代、北宋、金、清各代的铜钱，尤以唐代和北宋铜钱为多。

建筑构件主要属于唐、五代、宋金时期，包括莲纹瓦当、兽面纹瓦当、筒瓦（其中有青掍瓦）、板瓦、龙形建筑构件等。其中，莲纹瓦当有圆形和椭圆形两类，纹饰分普通莲纹和宝装莲纹两种，主要属于唐五代时期；兽面纹瓦当纹饰差别较大，年代跨越五代至明清时期。

宗教遗物年代自北朝到宋金元时期均有发现。北朝到唐五代时期的宗教遗物包括精致的汉白玉造像残件、铜佛像、瓷质造像等，制作精美，规格较高。宋金元时期的宗教遗物主要发现于

F5、F11 两座庙宇内。F5 内出土了百余件器物，包括白釉刻划花镂孔盖三螭足熏炉、白釉镂孔蟠龙座熏炉、绿釉贴塑蟠龙莲花形熏炉、红陶莲化生童子塑像及裸体泥俑等。F11 内出土了一批白灰塑像残块。在明清时期文化层中发现了一件泥质红陶牌饰，其上图案具有祆教特征。

手工业商业遗物主要集中于宋金元时期，包括与冶炼、制骨、医疗、商业有关的遗物。此外，遗址中发现的产自各窑口的瓷器也从侧面反映出当时商业贸易的繁盛。

通过本次考古发掘，主要获得了以下认识。首先，发现了不同时期开元寺寺庙遗存，明确了开元寺的南界自唐至今经历了一个不断向北退缩的过程。其次，晚唐五代时期的城墙和唐至明清时期民居建筑遗存的发现展现了由封闭里坊到开放型街巷的发展过程，为了解正定古城城市布局的演变提供了重要线索。最后，2000 余件出土器物为研究华北地区晚唐至明清城市居民的日常生活和探讨正定古城的商业活动以及当时的商贸路线提供了重要资料。

（供稿：陈伟 翟鹏飞 余俊英 房树辉）

北朝白石造像
Marble human sculpture of the Northern Dynasties Period

宋金时期白釉三足熏炉
White-glazed three-legged incense-burner of the Song-and-Jin period

宋金时期白釉蟠龙座熏炉
Song-and-Jin period white-glazed incense-burner with a dragon-shaped stand

五代白釉花口盏
Five-Dynasties Period white-glazed cup with lobed rim

北宋白釉印花盘
North-Song Period white-glazed dish with stamped design

唐宋时期石狮镇
Lion-shaped paper-weight of the Tang-and-Song period

金时期红陶莲化生童子塑像
ed-pottery sculptured boy and
cus-flower of the Song-and-Jin
riod

宋金时期红陶庙宇塑像
Red-pottery model of a temple
house of the Song-and-Jin period

唐宋时期祆教红陶牌饰
Red-pottery decorative tablet of
Tang-and-Song period Zoroastrianism

金代黑釉褐斑盏
Jin Period black-glazed cup
with brown mottles

唐宋时期龙形建筑构件
Dragon-shaped structural member
of the Tang-and-Song period

宋金时期泥质红陶范
Song-and-Jin period clay
pottery-mold of red ware

宋金时期黑釉执壶
Song-and-Jin period black-glazed ewer

宋金时期骨制品
Bone artifacts of the Song-and-Jin period

The South Square-site of the Kaiyuan Temple is situated to the south of the ancient center of Zhengding County in Shijiazhuang City, Hebei Province, lying to the south and west of the present-day Kaiyuan Temple. It covers an area of ca. 12,000 sq m. From November 2016 to April 2017, the Hebei Provincial Institute of Cultural Relics carried put there excavation. In the opened area of 1,035 sq m they revealed cultural accumulations left over from the times of the Tang to the Ming and Qing periods. The discovered vestiges number 94 units, while the unearthed restorable objects total 2000-odd pieces. On the whole the excavation brought to light the changing course of the step-by-step northward drawing-back of the Temple's southern border. The work also revealed that the layout of the ancient Zhengding City was changed from the closed block pattern to the opened street-and-lane formation. The unearthed artifacts provided important material data for researching the city residents' every-day life of North China in the times from the late Tang to the Ming and Qing periods, as well as for investigating the ancient Zhengding's commercial activities and trade routes.

安徽萧县
萧窑白土寨窑址

BAITUZHAI KILN-SITE OF XIAO WARE IN XIAOXIAN COUNTY, ANHUI PROVINCE

萧窑为安徽省三大民窑之一，始烧于隋代。2015年，安徽省文物考古研究所对萧窑欧盘窑址进行发掘，并在以倒流河流域为轴心的山间盆地内，开展了区域系统考古调查工作。基本摸清了各窑址点的分布规律和主体烧造年代，以白土镇为核心的区域为其中心窑场分布区。白土寨窑址位于安徽省宿州市萧县白土镇白土村，西距萧县县城约10公里。为揭示白土寨窑址的遗存内涵和文化脉络，2017年3~7月，安徽省文物考古研究所、武汉大学考古系、萧县博物馆对白土寨窑址老文化馆门前地点进行了发掘。

本次发掘布南北向5米×5米探方20个，实际发掘面积478平方米。清理唐宋时期各类遗迹70处，其中窑址3座、料池4个、储灰池7个、房址10座、灰坑29个、柱洞类遗迹12个、灶类遗迹3个和路基2条。

Y1、Y3为一组联窑，窑门相连，Y1规模较Y3稍大。这两座窑分布在发掘区东部，建于一座废弃的料池作坊之上，皆为半地穴式马蹄形窑，东西向。窑门处于东部，有火膛、窑床、烟道，部分窑壁尚存。火膛呈半月形，与窑床之间用耐火砖夹窑柱修建起来的墙体分隔开，火膛与窑床间的高差为0.4~0.6米。窑床较平，为较厚一层不发硬的红烧土面，可见烧窑温度不高。Y1窑床南北长1.98、东西宽1.9米，Y3窑床南北长约1.68、东西宽1.2米。此外Y1烟囱应是利用作坊F9的墙体搭建而成，但遭到后期破坏。Y2位于发掘区以西，年代较早。Y2平面为马蹄形，有火膛、窑床、烟道，呈西北—东南向。与Y1、Y3不同的是，Y2烧窑温度较高，火膛底部与窑床皆有一层较硬的烧结面。火膛呈半月形，局部建于山体基岩之上。窑床为一由北向南倾斜的硬面，坡度约26°，窑床面可见粘

烧瓷碗的痕迹，南北长3.78、东西宽2.88米。共有4条烟道，残长1.88米。

料池全为长方形，由垫板铺地，池边立砖，池底残存瓷泥。C1位于F1内部，紧靠F1的北墙和东墙，长约2.55、宽约1.42、深0.16米。C2、C3位于F2西北部，南北相连，以立砖间隔开，C2受到严重破坏，C3池底垫板保存完好，但东部被现代堆积破坏，C2长3.4、宽1.84、深0.15米，C3长2.6、宽2.36、深0.2米。C9位于F2东南部，被H12、H13、Z3打破，底部铺有垫板，较为平整。此池后期破坏十分严重，仅存东边和北边，并有立砖，为池边，池底残存白色料泥，残长0.76、残宽0.72、深0.15米。C6位于F4西部，平面呈椭圆形，用耐火砖围成，仅存一小块立砖，底部铺有垫板且残留较薄一层料泥，长0.6、宽0.48、深0.03米。

储灰池平面多呈长方形，结构为直壁平底，池内包含大量草木灰，上层夹杂红烧土颗粒。C4开口平面呈圆角长方形，系立砖（耐火砖）围成，底为火烧的红色硬结面平底。长0.44、宽0.4、深0.12米。C5开口平面呈长方形，系立砖（青砖、沙砖等）围成，底为火烧的红色硬结面平底，长0.72、宽0.58、深0.15米，其内部还有几块立砖，将其一分为二，一大一小，从填土一致性来看，推测是C5改小所致。C7位于F6东部，开口平面呈长方形，共由12块竖立的长方形耐火砖围砌而成，长0.68、宽0.28、深0.2米，砖长22、宽18、厚6厘米。池底铺有一层垫板，共10块，大小不一、错落有致。此外于C7西北角发现一个釉料缸底，可能为池子功能上的配套设施，缸底径32厘米。C8位于F8东北部，开口平面呈长方形，底为火烧的红色硬结面平底，系立砖（青砖）围成，破坏严重，仅存三边，长0.47、宽0.39、深0.13米。C10位于F8北部，开口平面呈长方形，系立砖（沙砖）围成，底部为耐火砖铺成，保存较好，长0.54、宽0.52、深0.14米。C11位于F2东部，开口平面呈长方形，底部铺有耐火砖，残存三面立砖，池内包含草木灰且有倒扣碗2个，长0.56、宽0.5、深0.14米。

作坊区可分为东、西两区，东区作坊有F1、F9。F1应为专门保护料池C1搭建，墙体由一层垫板夹一层窑柱砌成，西墙处竖立一块

F1
House-foundation F1

F2
House-foundation F2

F4
House-foundation F4

C5
Ash-storage C5

C7
Ash-storage C7

柱础石，推测用于搭建简易棚。F1长4.45、宽3.76、北墙残高0.4、西墙残高0.74、东墙残高0.38米。F1西墙与F9西墙连成一线，与西部作坊区分隔开，应是有意为之，此外F8、F10东墙亦是利用了F9的西墙。Y1、Y3位于F9内，窑炉本体打破了一层厚厚的瓷泥层堆积，故推测F9原为一处练泥池遗迹，后在内建窑。F9长9、宽4.8、南墙残高0.48、西墙残高0.66米。西部作坊区与东部烧造区仅一墙之隔，共有8座房址，由于发掘面积所限，F3、F7仅揭露部分，除F3、F5、F7、F8外，其余房址皆有料池与储灰池类遗迹。F2面积最大，残存北、东、南墙，长12.8、宽7.4、墙残高0.2米。L1基本沿F2南墙而建，墙体由耐火砖、垫板砌成，于F2东部发现了5个柱洞，除了D10为圆形柱洞外，其余皆为方形。Z3位于F2东南部并打破C9。F3仅存东墙，底部由垫板和碎瓷片铺地，F3西北角为L2，通过L2连接F2。F3长4.16、宽3.3、墙残高0.24米。F4北、东、西三面墙体保存最为完好，长8.7、宽4.2、墙残高0.12～0.22米。墙体由耐火砖砌成，现可见三层，于F4中部偏北发现一个储存特殊液体的瓷罐，中部偏南发现几个堆积在一起的白釉瓷碗，瓷罐与瓷碗刚好与C5、C6同在南北向的一条直线上。F6残存南墙、西墙，东部被现代扰乱坑破坏，长5.8、宽3米。Z2位于F6中北部，储灰池C7西北部发现1个釉料缸底，推测这类储灰池遗迹作坊可能为上釉的场所。F6东部清理出6个圆形柱洞，大小、深度相似，长0.26、宽0.24、深0.2米。Z1位于F7西北部，F5、F7揭露出了一处或两处墙体，因

发掘面积所限，未完全揭露。

出土器物丰富，保存完整的小件器物近800件。制料工具类包括碾轮、擂钵；窑具类包括窑柱、垫板、支托、垫饼、碗形间隔具、手捏船形间隔具、少量三足支钉和匣钵；生活用具类包括陶器、瓷器、骨器等。瓷器釉色以白釉为主，均施有白色化妆土，胎质较细密坚致，器类以碗为主，还有盏、执壶、盆、双系罐、瓜棱罐、瓶、杯、盂、平底钵、枕、缸、提梁罐、砚、玩具、佛像、骰子、棋子、建筑构件等。晚期扰乱地层多出土酱釉深圈足涩圈碗、酱黑釉瓷罐、白地黑花瓷盆（部分带字"风花雪月"）等，当属金代风格。早期唐代地层多出土青釉和黄釉的玉璧底碗、盏等，施釉的方法为蘸釉，釉层薄厚不均，往往形成蜡泪痕。器物多素面，除了部分刻花、划花外，少数呈釉下彩装饰，纹饰题材主要有牡丹、草叶、卷云纹等。

根据前期调查和发掘得出的初步认识，萧窑始烧自隋唐，一直延续至宋元时期。欧盘窑址主要烧造时代为隋至盛唐时期，年代最早，白土寨各窑址点的年代较晚，其发展历程似有窑址点由北向南迁徙的趋势。白土寨窑址出土的器物种类丰富，除日用器物外，还出土有瓷质明器、佛像砖、佛像瓦当等，此外大量围棋子、骰子的出土反映了宋代当地居民窑工的日常娱乐生活。出土的窑具，以实物印证了碗形间隔具与船形间隔具等窑具的使用方式，对萧窑的装烧工艺研究具有重要意义。

（供稿：蔡波涛　谭雨蓉　周水利）

白土寨遗址出土唐代青黄釉碗
Object unearthed from the Baituzhai Site: Tang Period greenish-yellow-glazed porcelain bowl

白土寨遗址出土宋代白釉枕
Object unearthed from the Baituzhai Site: Song Period white porcelain pillow

白土寨遗址出土宋代白釉瓜棱罐
Object unearthed from the Baituzhai Site: Song Period white porcelain melon-shaped jar

白土寨遗址出土宋代白釉碟
Objects unearthed from the Baituzhai Site: Song Period white porcelain dishes

欧盘遗址出土唐代青釉碗
Object unearthed from the Oupan Site: Tang Period celadon-glazed bowl

土寨遗址出土宋代酱釉双系罐
bject unearthed from the aituzhai Site: brown-azed double-looped jar

白土寨遗址出土宋代瓷俑
Objects unearthed from the Baituzhai Site: Song Period porcelain tomb-figurines

欧盘遗址出土隋代青釉四系盘口壶
Object unearthed from the Oupan Site: Sui Period celadon-glazed four-looped dish-shape-mouthed pot

欧盘遗址出土唐代青釉印花碟
Object unearthed from the Oupan Site: Tang Period celadon-glazed dish with impressed pattern

白土寨遗址出土宋代瓷动物
Objects unearthed from the Baituzhai Site: Song Period porcelain animals

欧盘遗址出土唐代青釉褐彩圈足杯
Object unearthed from the Oupan Site: Tang Period celadon-glazed brown-painted ring-footed cup

Y1、Y3
Kilns Y1 and Y3

Y2
Kiln Y2

The Baituzhai Kiln-site is located at Baitu Village of Baitu Town in Xiaoxian County, Suzhou City, Anhui Province, lying about 10 km to the east of the seat of Xiaoxian County. To investigate the material contents and cultural aspect of the Baituzhai Kiln-site, from March to July 2017, the Anhui Provincial Institute of Cultural Relics and Archaeology and other institutions carried out excavation at the locus in front of the previous seat of the Cultural-Center Office. Within the excavated area of 478 sq m they clarified 70 spots of Tang and Song periods remains, i.e. three

kiln-sites, four material preparing tanks, seven ash storages, ten spots of house-foundations, 29 ash-pits, 12 post-holes, three kitchen ranges and two strips of roadbeds. The unearthed artifacts number approximately 800 pieces. The Xiao-ware Kilns functioned from the Sui-and-Tang period right up to the Song-and-Yuan years. The excavation revealed a batch of material evidence on the using method of the bowl- and boat-shaped separators and some other kiln-implements, which has important significance for investigating the loading and baking methods of the Xiao-ware Kilns.

河南开封宋东京城
顺天门（新郑门）遗址

SHUNTIAN-GATE-SITE (XINZHENG-GATE-SITE) OF THE SONG
PERIOD DONGJING CITY IN KAIFENG CITY, HENAN PROVINCE

北宋东京城顺天门始建于五代后周周世宗显德二年（955年），时称"迎秋门"，宋太宗太平兴国四年（979年）改名"顺天门"，因向西直通郑州且与内城上的郑门相对，故又俗称"新郑门"。顺天门（新郑门）是位于宋东京城外城西墙上连接御道的正门，城外路南侧为琼林苑遗址，路北侧是金明池遗址。顺天门大街是西向巩义皇陵和西京洛阳的官道，也是宋与西夏互使的交流之路。顺天门（新郑门）沿用至金代，于公元1232年金哀宗弃城南逃后废弃。

顺天门（新郑门）遗址位于开封市金明区，东临夷山大街，北到晋安路，西接开封市金明中学，南依汉兴路。遗址发现于1982年，1983年曾对其进行考古发掘，但因地下水位较浅，未能完成。2012～2017年，河南省文物考古研究院、开封市文物考古研究所对遗址进行发掘，梳理了城门的沿革，探明了门址的平面布局。通过局部发掘，厘清了宋代顺天门（新郑门）主城门结构布局。通过解剖遗址地层，理顺了遗址形成过程。

顺天门是一座方形瓮城，平面呈长方形，南北长160、东西宽100米，为"直门两重"。瓮城城墙现存宽18～20、残高1～4、距现地表5～9米。顺天门主城门为一门三道布局，南北长54.2、东西进深23.8米，由墩台、隔墙、门道组成。

南、北墩台南北宽13米，北隔墙和南隔墙均南北宽4.8、东西进深23.8米。中门道因历代沿用，保存较差，据现有遗迹推测宽8米，南、北门道宽5.3米。

在北门道西口进深4米处发现有门限槽遗迹。门限槽平面呈长条形，南北横贯门道，开口长5.3、宽0.35～0.55米。门限槽切面呈倒梯形，斜壁、平底，底部长5.2、宽0.3～0.42米，现存深0.3～0.5米。在北门道与北墩台交界处清理出几处非均匀分布的地栿石坑，多近方形，边长0.5～0.7米。

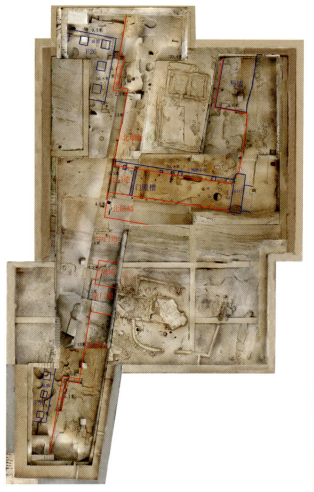

主城门发掘区全景正射影像图
Orthographic projection of a full view of the excavated area at the main city-gate

主城门发掘区正射影像图
Orthographic projection of the excavated area at the main city-gate

主城门外侧包砖。砖墙用蓝砖砌成，黄褐土作黏合剂，砖长37.6～38、宽17.6～18.8、厚6厘米，主城门北侧城墙墙体宽20.4米。城门外侧包砖，包砖墙出墩台后南北两侧均向西（瓮城内）折2.9米，后又各向南北两侧延伸6.1米，再向两侧为夯土城墙，不再包砖。

在主城门内侧、北墩台北侧清理出一处马道，应为顺天门（新郑门）北马道。北马道宽5.6、总长约26、实际发掘10.8米。

在瓮城内主城门南北两侧近城墙处各清理出一座高台房屋建筑基址，两座建筑南北对称，形制布局相同，南北进深均为10.8米，现揭露部分为建筑的东部，面阔两间。建筑台基的东侧和北侧均发现有方形磉墩，边长1.5、间隔2.4米。在

北侧建筑的北部，同时期的灰坑中清理出迦陵频伽、灰陶套兽、龙纹瓦当等建筑构件。

北宋时期门道叠压在后周时期迎秋门基础之上，其门道基础营造顺序是先按规划在迎秋门基础上用纯净黏土夯筑门道整体基础，然后在夯好的基础上重新挖出墩台和隔墙基槽，再用瓦片和黏土交替夯筑填平作承重基础。

后周时期迎秋门南北宽36米，外侧包砖。砖墙用蓝砖砌成，黄褐土作黏合剂，砖长37.6～38、宽17.6～18.8、厚约6厘米。单门道，南北墩台面宽14、门道宽约8米。

通过发掘，直观揭示出遗址区地层堆积关系。遗址区地表以下地层堆积根据土质的不同可以划分成两大部分。上层堆积距地表0～5、堆积

厚4~5米，全部为纯净、疏松的黄沙。其来源既有黄河泛滥淤积，亦有风成堆积。该沙土层沉积形成的时间是1841年至现代。下层堆积距地表4~9、堆积厚4~5米，为金元至清代文化堆积层。值得关注的是在城门废弃后，其门道区域作为道路在元明清时期一直沿用，地层显示，道路堆积自上而下无间断叠压，堆积厚度超过5米。

本次顺天门遗址发掘面积共计3500平方米，还清理出宋代至清代房屋基址48座、灰坑380个、田地遗迹2处、水井1个、树木遗迹19株、窑址5座等，其中，清代院落等因黄河泛滥淤积保存完整。出土各类器物2900件（套），以及大量陶瓷器残片等。

本次发掘是北宋东京城遗址考古史上规模最大、发掘地层最完整的一次考古发掘，也是首次对东京城城门遗址进行考古发掘，揭示了顺天门主城门的规模、形制、基础建筑方法，五代至北宋时期该门址由单门道到三门道、瓮城从无到有的变化过程等。顺天门遗址是目前考古发现的中国古代都城中最早的方形瓮城遗址，填补了中国古代都城考古史的空白，为研究北宋东京城的布局、古代都城城门形制演变、开封城市发展史、黄河泛滥史及宋代至清代陶瓷器标本断代等提供了考古资料。本次发掘是黄泛区考古的一次成功案例，是古今重叠型城址考古的一次有益探索。

（供稿：刘海旺　王三营　葛奇峰）

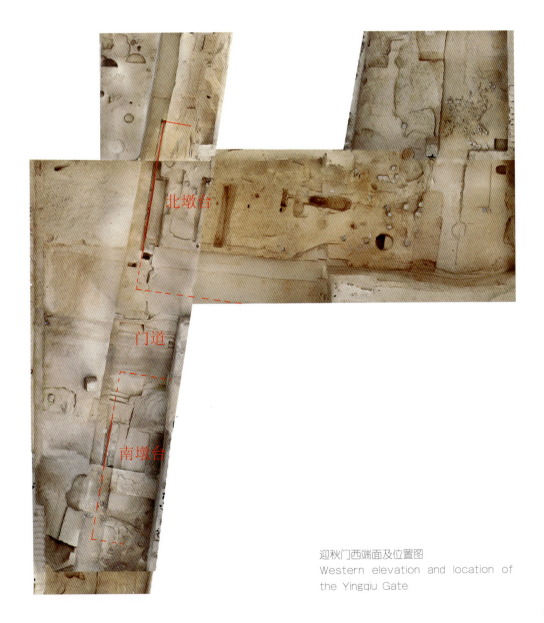

北墩台

门道

南墩台

迎秋门西端面及位置图
Western elevation and location of
the Yingqiu Gate

主城门北门道（东—西）
Northern gateway of the main city-gate (E-W)

主城门西端立面（北—南）
Western elevation of the main city-gate (N-S)

门限槽

主城门北门道门限槽（南—北）
Threshold groove of the northern gateway of the main city-gate (S-N)

主城门北门道门限槽北侧的青石门构件（东—西）
Remains of the northern gateway of the main city-gate: Granite structural-member on the northern side of the threshold groove (E-W)

F26

F26
House-foundation F26

152

礌石
Projectile stones

宋金时期龙纹瓦当
Tile-end with dragon design of the Song-and-Jin period

宋金时期灰陶迦陵频伽
Gray pottery kalavinka of the Song-and-Jin period

宋金时期陶模、陶范
Pottery models and moulds of the Song-and-Jin period

清代青花瓷盘
Blue-and-white porcelain plates of the Qing Period

宋金时期青瓷片
Celadon shards of the Song-and-Jin period

明清时期青花瓷片
Blue-and-white porcelain shards of the Ming-and-Qing period

元代高足杯
Goblets of the Yuan Period

The Shuntian-Gate-site (Xinzheng-Gate-site) is located in Kaifeng City, Henan Province. From 2012 to 2017, the Henan Provincial Institute of Cultural Relics and Archaeology and the Kaifeng Municipal Institute of Cultural Relics and Archaeology carried out excavation on the site. This is a rectangular barbican entrance. It measures 160 m from the north to the south, 100 m from the west to the east and 100° in azimuth. The main city-gate has an entrance and three roads, measures 53.8 m from the north to the south and 23 m from the west to the east, and consists of terraces, partition walls and a gate-way. In the excavated area the clarified remains include 48 spots of house-foundations, 380 ash-pits, two cultivated fields, a well, 19 rotten trees and five kiln-sites. The unearthed objects total 2,900 pieces or sets. The Shuntian Gate is the earliest barbican entrance without outward-projective elevation among the so-far known capital sites. The present excavation provided archaeological data for researching the layout of Dongjing City, the evolution of ancient capitals in the shape of city gates and the development history of cities in the Kaifeng region.

浙江杭州
常青古海塘遗址
ANCIENT SEAWALL-SITE AT CHANGQING IN HANGZHOU CITY, ZHEJIANG PROVINCE

古 海塘遗址位于浙江省杭州市江干区政府西南约1公里，秋涛北路西部、新开河东岸，杭海路与清江路之间，略呈南北走向，距今钱塘江西北岸约1.6公里。

结合文献记载，在前期调查和勘探的基础上，杭州市文物考古研究所在秋涛北路以西的碑亭路南、北两侧各布探沟1个，编号分别为TG1、TG2，均与大致呈南北走向的古海塘垂直。其中TG1长50、宽20米，TG2长60、宽40米。两个探沟内均发现了保存较完整的海塘遗存。

TG1第①层即现代地表层，厚0.2~1.46米。第①层下即为海塘塘体。塘体由迎水面的石塘体和背水面的附土堆积构成，大致呈南北走向，揭露部分长13、深6.6米，横截面近梯形，上小底大，上宽5、底宽10.2米。迎水面石塘体从下至上逐层收分，从石条（板）的石材和砌法来看，可分为四组，每一组石塘体背水面均有附土堆积。第一组用打磨平整的石条纵横错置平砌，间以铁锔、铁锭相衔接。石条长178~201、宽36~40、厚24~34厘米。背水面为第②层附土堆积为夯筑的沙黏土，夯层明显，出土青花瓷片。深0.2~1.46、厚1.1~1.27米。可分为7小层，a层为黄褐色沙黏土，b~g层均为灰黑土。第二组用略显粗糙的石板纵向错缝平砌，石板长135~138、宽47~52、厚16~18厘米。背水面为第③层附土堆积为灰褐沙黏土，未见遗物。深1.4~1.57、厚0~0.66米。第三组石板与第二组石板规格一致，亦为纵向错缝平砌，零星竖砌。背水面为第④层附土堆积为泛白的灰褐土，靠近塘

体部分含有零星径10~15厘米的不规则石块，出土青釉瓷片和黑釉盏残片。第四组仍用石板纵向错缝平砌，但石板规格比第二、三组略大，长138~144、宽70~72、厚18~25厘米。背水面为第⑤层砾石堆积，内部密集分布径5~10厘米的小砾石，西部略少。该层堆积的上、下表面和底部有红色风化砂岩颗粒堆积，未见遗物。厚约3.4米。第四组以下为淤沙。

TG2第①层为现代地表层，厚0.22米。第①层下即为海塘塘体。塘体亦是由迎水面的石塘体和背水面的附土堆积构成，大致呈南北走向，揭露部分长40、深8.2米，横截面近梯形，上小底大，上宽6.6、底宽14.4米。迎水面石塘体与TG1发现的一致，仍为四组，各组使用的石材、砌法与TG1各组石塘体一致，每一组背水面也都有附土堆积。第一组石塘体的背水面为第②~⑤层附土堆积。第②层为沙黏土，未见遗物，深2.67~2.87、厚0~0.36米。可分为3小层，a层为黄褐色土，分布于探沟西部；b层为深灰褐土，含少量径10~40厘米的石块，呈条带状分布于靠近石塘体处；c层为深灰褐土。第③层为黑灰色沙黏土，分布于探沟北部，含大量螺蛳壳和径5~15厘米的石块，出土青花瓷片。深3.2~3.4、厚0.28~0.46米。第④层为黄褐色沙土，仅分布于北部一小部分，未见遗物，深3.6~3.8、厚0~0.22米。第⑤层为灰色瓦砾层，分布于北部和南部局部，深3.56~3.8、0~0.36米。第二组石塘体的背水面为第⑥层附土堆积为灰褐色沙黏土，局部有灰白色斑块，含部分径5~10厘米的碎石块。

深3.62~4.2、厚0~0.5米。可分3小层，a层略泛黄，满方分布，出土零星青花瓷片；b层仅分布于靠近塘体处，未见遗物；c层分布于靠近塘体处局部，未见遗物。第三组石塘体的背水面为第⑦、⑧层附土堆积。第⑦层深4.4~4.48、厚0~0.54米，可分为2小层，a层为略泛黄的灰褐色沙土；b层为深灰色沙黏土，满方分布，含零星径5~10厘米的碎石块，出土青釉瓷片、褐釉瓷片和板瓦片。第⑧

层为红色风化砂岩层，含零星径约20~50厘米的石块，未见遗物。深4.04~4.56、厚0~0.96米。第四组石塘体的背水面为第⑨层附土堆积，由大量径5~10厘米的砾石块堆积而成，零星石块径20~30厘米。深4.24~5.24、厚0.84~1.24米。可分2小层，a层为灰色土，仅分布于靠近石塘体处局部，出土青釉、白釉瓷片和青砖块、灰色板瓦片；b层颜色较杂乱，未见遗物。第四组以下为淤沙。

TG1塘体迎水面（东—西）
Waterward side of the seawall in Excavation Trench TG1 (E-W)

TG1塘体横剖面（北—南）
Cross section of the seawall remains in Excavation Trench TG1 (N-S)

TG1塘体顶面铁锔、铁锭（南—北）
Iron fasteners for the top of the seawall in Excavation Trench TG1 (S-N)

TG2塘体迎水面（东—西）
Waterward side of the seawall in Excavation Trench TG2 (E-W)

TG2塘体背水面（西—东）
Back side of the seawall in Excavation Trench TG2 (W-E)

TG2塘体顶面铁锔、铁锭（西南—东北）
Iron fasteners for the top of the seawall in
Excavation Trench TG2 (SW-NE)

TG3塘体（东南—西北）
Seawall in Excavation Trench TG3 (SE-NW)

　　另外还在杭海路与秋涛路口南侧发掘了探沟1个，编号TG3，长20、宽10米，发现相同结构的古海塘遗存，揭露部分塘体，长8.54、深3.1、上残约宽1.5、底宽4.95米，未完整下挖。

　　常青海塘作为迎水面石条（板）砌筑、背水面附土堆积的一种石塘，迎水面的石塘体与背水面的附土堆积是同时砌成的。因未发现带有纪年的遗物，只能从塘型结构、附土堆积中出土的遗物，并结合文献记载来判定其年代。

　　第一组塘体所用的石条及其砌法，为明清时期常见。其背水面的附土堆积，TG1第②层和TG2第③层中出土大量明清时期的青花瓷片，年代应为明清时期。文献关于宋元时期石塘的记载较多，有"景祐石堤""张夏石塘""乾道石堤"以及王永议筑的纵横错置桩基石塘等，可见石塘在宋元时期大量存在。TG1第三组塘体的附土堆积，即第④层中出土了部分宋元时期的青釉瓷片和黑釉盏残片，TG2第三组塘体附土堆积，即第⑦b层中也出土了部分宋元时期的青釉瓷片、褐釉瓷片和板瓦片，由此可明确第三组塘体为宋元时期砌筑。第四组塘体叠压于第三组塘体之下，其年代不会晚于宋元时期。第四组塘体背水面的附土堆积，即TG2第⑨层中出土有部分宋元时期的青釉瓷片、白釉瓷片、青砖块和灰色板瓦片，则可确定第四组塘体为宋元时期砌筑。第二组塘体所用石板与第三组的形制、规格一致，但第二组塘体背水面的附土堆积，即TG2第⑥a层中出土的青花瓷片说明，第二组塘体应是利用第三组塘体的石板进行平整，以便更好地砌筑第一层塘体，其砌筑年代仍在明清时期。

　　四组塘体的砌筑年代明确之后，结合其具体的叠压关系，我们可对常青海塘各组塘体的使用年代做初步的梳理：宋元时期，在满是淤沙的钱塘江岸边堆砌砾石层、用较大规格的石板砌筑塘体，即第四组塘体；后来在某个时间塘体坍塌，同样在宋元时期，对它进行了加高加固，背水面在原有的砾石层之上夯筑沙黏土，迎水面用规格较小的石板砌筑，即为第三组塘体，一直使用到明清时期；后来塘体再一次坍塌，因其基础牢固，为节约石材，就用坍塌在塘体边的石板和附近的沙黏土夯筑、垒砌，修整出一个平整的塘面，即为第二组塘体；在平整的塘面上砌筑规整的石条，间用铁锔、铁锭镶牢，背水面用沙黏土夯实，即为第一组塘体，随着现代海塘的修筑，它才失去防潮抗洪的功能。

　　常青古海塘的发掘，全面、细致地揭示了宋元时期石塘体的结构特征，弥补了史料记载的不足；首次在考古发掘中发现不同时代石塘体的叠压脉络，为研究古代水利工程技术史提供了重要的实物资料。杭州常青海塘遗址距今钱塘江西北岸约1.6公里，反映了钱塘江岸的历史变迁，是研究杭州城市发展史的重要历史地理坐标。

　　　　　　　　（供稿：周学斌　房友强　王征宇）

青花瓷片
Blue—and—white porcelain shards

青釉瓷片、黑瓷盏残片
Celadon-glazed porcelain shards and a black-glazed cup shard

青花瓷片
Blue—and—white porcelain shards

青釉瓷片
Celadon-glazed porcelain shards

This ancient seawall-site is located about one km to the southwest of the seat of the Jianggan District Government of Hangzhou City, Zhejiang Province, lying ca. 1.6 km to the northwestern bank of the present-day Qiantang River and running roughly by meridian line. To explore this site, the Hangzhou Municipal Institute of Cultural Relics and Archaeology carried out excavation by digging a trench on either side of Beiting Road that runs to the western side of North Qiutao Road. The two excavation trenches are numbered TG1 and TG2 respectively, either meeting the seawall-site at a right angle and containing well-preserved remains of the seawall. The revealed vestiges can be divided into four groups. The first and second groups go back to the Ming and Qing periods, while the third and fourth groups to the Song and Yuan dynasties. The excavation of the Changqing seawall-site revealed comprehensively and meticulously the structural features of the stone seawall left over from the Song and Yuan periods, for the first time by archaeological means brought to light the superposition of seawall structures of different periods, and provided important material data for investigating the history of ancient water conservancy technology and the development history of Hangzhou City.

吉林安图宝马城金代长白山神庙遗址2017年发掘收获

ACHIEVEMENTS IN THE 2017-YEAR EXCAVATION ON THE JIN PERIOD "BAOMACHENG SITE" (THE CHANGBAI MOUNTAINS SPIRIT TEMPLE-SITE) IN ANTU COUNTY, JILIN PROVINCE

宝马城遗址位于吉林省安图县二道白河镇西北4公里处的丘陵南坡上，属于长白山北坡，相传唐代一位将军东征高丽时在此地得宝马，故而得名，亦称"报马城"。遗址中心区地理坐标为北纬42°27′07.2″，东经128°05′08.5″，海拔707米。此城在1928年所修《安图县志》中已有著录，1978年吉林省考古队在宝马城普查时发现一些指压纹瓦片和兽面瓦当，从而推定此城为唐代渤海国时期始建，辽金时期沿用。以往学术界普遍认为宝马城为渤海朝贡道上的重要驿站，也有学者将其比定为渤海中京显德府下辖的兴州。为探明宝马城的年代、性质、建筑形制与布局，经国家文物局批准，吉林省文物考古研究所、吉林大学边疆考古研究中心于2014~2017年对此遗址进行了连续四年的勘探与发掘，累计发掘面积3498平方米，勘探面积188000平方米，可确认其整体由内部回廊院落及四周外墙组成，共出土各类器物5000余件，其中2016年出土的玉册确证其为金代皇家修建的长白山神庙故址。2017年对宝马城遗址的发掘，揭露了外墙内回廊外东南侧的建筑基址（编号JZ4）、南门及外墙东南转角，实际发掘面积562平方米。

JZ4方向以长轴测算为北偏东5°，与遗址内其他建筑方向相同。台基为坡地起建，夯土筑成，平面呈长方形，南北长约19、东西宽约12.8米。其上建筑墙体平均厚约1.1米，使用条砖错缝垒砌，外整内碎，其中北墙保存较好。墙内础石仅两处缺失，均为砂岩材质，表面錾刻向心状沟纹，除门础外，均为暗础。建筑柱网结构较为复杂，础石多为方形石底座上承托圆柱形础石的复合型础石，有的仅存方形石底座。若以其作为结构性础石来推断，那么此建筑似面阔、进深各三间。室内地面以方砖错缝铺设，现均已碎裂，大部可见火焚痕迹，北墙下地面以条砖填充空隙。

室内南侧中部有一低于室内地平面的长方形操作间，四周砖砌包边，东西长2.25、南北宽2.04、深约0.2米，内有大量木炭、红烧土和较多白灰。圆形灶台位于操作间东部，烟道自灶台伸出后分成四条，紧贴建筑南墙东段延伸，于东南角转向北行，高度渐次抬升成火炕，又穿过北墙并汇聚成一条延伸至北墙外与烟囱相连。大门开于西墙中部，门前设置"三瓣蝉翅"慢道。

墙外四周台明宽度不等，基本做法是两至三排方砖外侧铺设一排横铺条砖包边，东侧和北侧发现用两块条砖拼合成方砖使用的情况。散水的做法为一排平铺方砖外立砌两道牙子砖。室外东部发现一条走向与台基平行的排水沟，与外墙东南转角处的南北向排水沟相连，发掘区内长约17.9、平均宽0.3~0.4、深约0.25米。

南门辟于外墙南墙正中，宽约7.7米，两侧墙体保存较好，平地夯筑，致密坚硬，断面呈梯

JZ4航拍
Aero-photo of Building-foundation JZ4

JZ4西北角础石（西—东）
Plinth at the northwestern corner of Building-
foundation JZ4 (W-E)

JZ4灶台与烟道转角（东—西）
Kitchen-range top and flue corner in Building-
foundation JZ4 (E-W)

形，无包含物，未见夯层和修补迹象。现存的东侧墙基底宽2.7、顶宽1.3、平均残高约0.4米，西侧墙基底宽2.6、顶宽1.4、平均残高约0.35米。东侧墙体外围底部有两排砌砖，多已碎裂，或为墙体护坡。南门底部中间位置发现一线性铺砖遗迹，破坏严重，近东北至西南走向，南北长约8.05、东西宽约0.96、深约0.2米，与南墙外排水沟相连，似为城内排水沟的一部分。此外，南门口还发现一些遗迹现象，但受制于天气原因，未能全部清理完。

外墙东南转角发掘区确认了残存的外墙南墙与东墙的位置，墙体做法相同。转角内侧发现两条排水沟，一条近东西向，长约2.06、宽0.56~0.66、深0.19~0.25米，与南墙间有一梯形土护坡；另一条为南北向，长约1.86、宽约0.68、深0.2~0.26米，与东墙间亦有土护坡。两条排水沟在涵洞北侧汇聚，经砖砌涵洞从南墙底部穿过。涵洞整体北高南低，大体呈西北至东南走

向，开口处宽约0.26、中部宽约0.32、出口处宽约0.28、发掘区内部分长逾3米。涵洞以河卵石铺底，两侧立砌大条砖，外以护石加固（东墙内侧尚可见两列），以多层条砖平铺盖顶。涵洞出口处的水道两侧还可见较多长条砖平铺，或为防止漫水之用。

2017年发掘出土器物以滴水（檐头板瓦）、瓦当为代表的建筑构件为大宗。瓦当均饰高浮雕兽面纹，滴水纹样包括戳点纹、花瓣纹、叶脉纹等多种类型，还发现陶兽头、陶凤鸟等制作精美、保存较完整的建筑构件和大量铁钉以及少量陶片、瓷片、铁器、青铜饰件等。JZ4火炕铺砖面上发现5枚北宋铜钱，延续时间近百年，或为压炕之用。台基东南角外还发现一件疑似玉册残块，但宽度与厚度均逊于上一年度出土的玉册。

2017年发掘结束后，除水井与城外窑址外，城内主要建筑要素的发掘已大体完成，不仅掌握了宝马城建筑组群的布局、主要单体建

筑的形制与功能，还对城内外排水系统的走向有了初步了解。

宝马城遗址是近年来发掘的保存状况最好、揭露面积最大且最为重要的金代建筑遗址之一，也是近年来东北地区辽金时期乃至全国历史时期考古工作中少见的高等级遗址。其选址经过精心考量，占有区域内最为高敞的地利，城内建筑轴线的南向延长线正对长白山主峰。宝马城遗址

的发掘，是中原地区以外首次通过考古发掘揭露的国家山祭遗存，它不仅是金代历史与考古的重要发现，也是边疆考古和北方民族考古的重大突破，对了解当时生活习俗与宗教信仰、研究金王朝关于东北边疆的经略及南北方文化的交流与互动、探索中华文化多样性和多民族统一国家的形成与发展均具有深远的历史意义。

（供稿：赵俊杰　常天骄　李恬欣　张宛玉）

JZ4大门与"三瓣蝉翅"慢道（西—东）
Gate of Building-foundation JZ4 and front gentle sloping roads (W-E)

JZ4火炕与烟囱
Heated brick bed and its chimney in Building-foundation JZ4

外墙东南角与转角内侧排水系统的出口
Southeastern corner of the outer wall and the outlet of drainage system inside the corner

兽面纹瓦当
Tile-end with animal face design

兽头（脊饰）
Animal-head-shaped ridge decoration

兽角
Animal horn

花瓣纹滴水
Drip with petal design

青铜饰件
Bronze decoration

铁泡钉
Buckle-shaped iron tack

疑似玉册残件
Probably a remainder of a broken jade tablet

The Baomacheng Site is located on the northern slope of the Changbai Mountains. Since 2014-year, the Jilin Provincial Institute of Cultural Relics and Archaeology and the Borderland Archaeological Research Center of Jilin University have carried out four-years continuous exploration and excavation on the site. The results evidence firmly that the site is left over from the Changbai Mountains Spirit Temple built by the imperial family of the Jin Dynasty. Among the building vestiges revealed in 2017 are the building foundation (numbered JZ4) on the southeastern side, the southern gate and the southeastern corner of the outer wall. Thus the excavation of the main buildings has been finished by and large. It brought to light the layout of the building complexes on the site, revealed the forms and functions of the main free-standing buildings and found out preliminarily the run of the drainage system inside and outside this place. The Baomacheng Site is the first archaeologically revealed and the only state-built mountain spirit temple known so far outside the central Plains. The affirmation of its character has important significance for studying the pluralism of Chinese culture and the formation and development of China as a unitary multi-national country.

辽宁沈阳康平
张家窑林场辽墓群

LIAO PERIOD BURIAL GROUNDS IN THE ZHANGJIAYAO TREE FARM OF KANGPING COUNTY, SHENYANG CITY, LIAONING PROVINCE

张家窑林场辽墓群位于辽宁省沈阳市康平县沙金台乡张家窑林场范围内。20世纪80年代以来，沈阳市文物考古研究所先后在林场内抢救性发掘了辽代石室墓10余座，其中一座可确认为契丹贵族墓。2016年初，沈阳市文物考古研究所向国家文物局申请"康平张家窑林场辽墓群"主动性考古发掘项目，并获得批复立项。经过2016、2017连续两年的考古工作，在张家窑林场及周边范围内发现辽墓群5处、辽金时期遗址6处，并重点对柳条通墓群和长白山墓群进行了考古勘探和发掘。

柳条通墓群位于张家窑林场中部的平缓地带，共清理小型辽代石室墓5座、石圹墓1座。石室墓均为东南向，由墓道、墓门、甬道及墓室组成。墓道多为斜坡式，仅一座为阶梯式（M3），平面均近梯形，长3~6米，两壁向下逐渐内收。墓室均为单室，平面近方形，边长2.5~3米，形制规模及建筑石材方面有所差别。石圹墓（M5）为西南向，规模较小，仅于沙土内下挖长方形竖穴，并用石片砌成墓圹。墓葬葬具有石片砌筑尸

床和疑似木棺等。随葬器物有铜双鱼佩、鸾鸟纹铜镜、绿釉提梁鸡冠壶、白釉绿彩盆、白瓷碗、篦齿纹灰陶壶、铁镞等共14件。

此墓群的墓葬形制及随葬器物特征表现出鲜明的契丹族文化内涵，墓主当为辽代契丹小贵族或一般富户，墓葬年代应在11世纪中期前后。

长白山墓群位于林场西部边缘的长白山区域，共分3个墓葬区。Ⅰ区位于长白山东南坡，发掘墓葬5座；Ⅱ区位于Ⅰ区东北约500米处，发掘墓葬4座；Ⅲ区位于Ⅰ区西南约500米处，经勘探发现疑似墓葬1座，尚未发掘。另于Ⅰ区东约400米处发现一处辽代遗址，清理大型房址1座，应与墓群有一定关系。

Ⅰ区清理墓葬包括大型高等级砖室墓3座（M2~M4）、中型石室墓2座（M5、M6）。砖室墓均为东南向，由阶梯墓道、墓门、甬道、东西耳室和主室组成，总长约30米。M2主室平面呈八边形，耳室平面呈圆形。M3墓室结构完整，未经盗掘，主室和耳室平面均呈方形，在墓门两侧

柳条通M5
Liutiaotong Tomb M5

长白山 I M2
Tomb M2 in the first Changbai-Mountains burial ground

及主室墙壁上发现有少量壁画残留。M4主室平面呈八边形，耳室平面呈方形。三座砖室墓主室直径(边长)4～4.5米，耳室直径(边长)1～1.5米。M2、M4主室内有八角形木壁椁室，墓底有带边箱和棺箱的木椁葬具，并都发现有银丝网络，M2木椁上镶嵌有大量银片。

三座大型砖室墓随葬器物丰富。M2虽曾被多次盗扰，仍出土海兽葡萄纹铜镜、铜盏托、绿釉鸡冠壶、白釉渣斗、青瓷碗、白瓷碗、玛瑙配饰、围棋子、琥珀吊坠、串珠等各类器物50余件。M3、M4随葬器物组合保存基本完整。M3出土白瓷鸡冠壶、白瓷碗、绿釉鸡腿坛等陶瓷器，墓主双手满戴10枚鎏金银戒指，双耳戴摩羯形金耳环，左右手腕分别戴金镯各1件，胸前戴玛瑙项链和葵形银镜，腰部为鎏金银捍腰，另在西耳室出土整套鎏金铜马具、蹀躞带、双鱼配饰和铁器，共200余件。M4出土陶瓷器数量和种类更加丰富，除上述器形外，还发现有白釉黑彩、白釉褐彩梅瓶各1件和白瓷小盖罐、盘口执壶、莲花纹执壶及青瓷碗、盘等，另出土波斯玻璃器、玉臂鞴、鎏金银面具、鎏金银带饰、银盏、银杯、银鞍桥、银蹀躞带、金丝未断的玛瑙璎珞和成套马具等，共计140余件。

石室墓均为东南向，由阶梯墓道、甬道、单墓室组成，墓道长8～10米，墓室平面呈方形，边长约3米，其中M5甬道为过洞式。

长白山墓群Ⅰ区是一处规模较大、等级较高、保存较为完好的契丹贵族墓群，墓主应为身份较高的契丹贵族，墓葬年代应在10世纪中期至11世纪中期前后，各墓间存在早晚延续关系，且分布存在一定规律。

Ⅱ区发现小型石室墓3座，均为东南向，由墓道、甬道及墓室组成。墓道分斜坡式和阶梯式，长3～5米。墓室均为单室，石块砌筑，平面均呈方形，边长约2.5米。墓葬均被盗严重，仅

出土有篦齿纹灰陶罐和铁器等少量随葬器物。此区另有一座墓葬仅挖有墓圹，并在墓道内填石块，未修建墓室。Ⅱ区墓葬等级规模明显小于Ⅰ区，墓主应为契丹小贵族或一般富户，墓葬年代应在11世纪中期前后。

Ⅰ区东侧的房址面阔八间，进深一间，东西长约30、南北宽约7米，总面积约210平方米，方向155°，与墓葬方向大体一致。墙壁石筑，由3个套间和2个单间组成，屋内均有火炕和灶台，地面保留有泥质灰陶片、白瓷片等遗物。从出土器物特征分析，此房址废弃年代在辽晚期或金初，延续下限晚于墓群。经勘探，在房址西侧约20米处还有一座规模与其相当的大型房址，说明当时在此居住的人群应具有一定规模，大型居住址应与上述墓群有一定关系。

张家窑林场辽墓群在20世纪八九十年代和2015年抢救性发掘的基础上，又经过2016、2017两年连续的主动性考古调查、勘探和发掘，取得了丰富成果。目前已初步确定张家窑林场地区是一处由多个墓群和遗址构成的辽代契丹族大型聚落遗址群，文化内涵十分丰富。其中，长白山Ⅰ区契丹贵族墓群是迄今为止康平县境内发现的规模最大、等级最高、保存最完好的辽代契丹贵族家族墓地，部分墓葬结构完整，随葬器物丰富，并发现有与墓群相关的大型居址，在国内已发掘的辽代大型契丹贵族墓群中较为罕见，它的发掘大大丰富了辽代文化研究的实物资料，对于辽代契丹贵族墓葬制度的发展、墓葬形制与葬具的特征及演变、家族墓地排列关系、墓群与遗址布局等的研究，以及辽代陶瓷器、金银器、玉石器、玻璃器等的专项研究，均具有重要意义。

同时，柳条通墓群和长白山墓群Ⅱ区的发现，也进一步丰富了沈阳康法地区辽代契丹中小型石室墓的资料，为研究本地区辽代契丹贵族中下阶层的墓葬特征、葬俗及历史文化提供了实物资料。

（供稿：林栋　沈彤林　张连兴　赵晓刚）

白釉绿彩盆
White-glazed green-painted pottery basin

鸾鸟纹铜镜
Bronze mirror with bird design

海兽葡萄纹铜镜
Bronze mirror with "beasts and grapes" design

金镯
Gold bracelet

鎏金银面具
Gilded silver mask

玉臂鞲
Jade arm-binder

鎏金铜铃
Gilded bronze bells

玛瑙饰件
Agate ornament

鎏金铜蹀躞带
Gilded bronze waist-belt with pendants

玛瑙璎珞
Agate necklace

白瓷盖罐
White porcelain covered-jars

青瓷花口碗
Celadon lobed-mouthed bowls

长白山 I M4主室器物出土情况
Excavation of the funeral objects from the main chamber of Tomb M4 in the first Changbai-Mountains burial ground

长白山 II M1
Tomb M1 in the second Changbai-Mountains burial ground

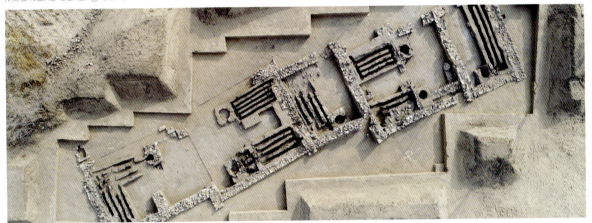

房址全景
A full view of the revealed house-foundations

鎏金银捍腰出土情况
Excavation of a gilded silver waist-protector

白釉黑彩、白釉褐彩梅瓶出土情况
Excavation of white-glazed black-or brown-painted prunus vases

These Liao Period burial grounds are located in the Zhangjiayao Tree Farm at Shajintai Township in Kangping County, Shenyang City, Liaoning Province. From 2016 to 2017, the Shenyang Municipal Institute of Cultural Relics and Archaeology carried out exploration and excavation at this place, mainly in the Liutiaotong and Changbai-Mountains burial grounds within the Zhangjiayao Tree Farm. They clarified 12 medium- and small-sized stone-chambered (or-lined) tombs and three large-sized multi-brick-chambered graves. The work brought to light numbers of objects and excavated a group of large-sized house-foundations at the locus about 400 m to the east of the Changbai-Mountains graveyard. It has been preliminarily affirmed that in the Zhangjiayao Tree Farm exists a group of settlement-sites that consists of a lot of burial grounds and living sites. This is a large-sized settlement group of the Liao Period Qidan Ethnic Group. The excavation provided important data for investigating the tomb form and burial custom of the Liao Qidan aristocrats, as well as for researching the history and culture of the Qidan people.

河北崇礼
太子城遗址发掘收获

ACHIEVEMENTS IN THE EXCAVATION ON THE TAIZICHENG
SITE IN CHONGLI DISTRICT, HEBEI PROVINCE

崇礼太子城遗址位于河北省张家口市崇礼区四台嘴乡原太子城村村南，西距崇礼县城20公里，现为市县级文物保护单位。遗址四面环山，南、北各有一河流自东向西绕城而过在城西汇合后西流，地理位置非常优越。2017年5～12月，河北省文物研究所、张家口市文物考古研究所、崇礼区文广新局组成联合考古队对太子城遗址进行了全面调查、测绘、勘探与发掘，取得了重要收获。

太子城遗址经勘探确认为一座平面呈长方形的城址，南北长400、东西宽350米，方向158°，总面积14万平方米。现东、西、南三面城墙存有地下基址，北墙基址被河流破坏无存，残存的三面墙体外均有壕沟，另钻探发现城址西墙有2道，东西间距50米。道路系统方面，钻探确认城内主街道近T形分布，有南门与西门各1座，门外均有瓮城。城内钻探共发现建筑基址28座，其中南北中轴线上有3组，即南部正对南门的9号基址、中部1～3号基址组成的中心基址群和北部25号基址，另在东西向大街的南北两侧有大量建筑基址。

太子城遗址2017年共完成发掘面积6400平方米，清理了4处重要遗迹，现分述如下。

南墙、南门与瓮城。南墙墙体宽2、残高0.3～0.5米。营造方式为：内外侧包砖，各宽0.55米，包砖内有木柱，柱径0.25～0.3、间距3米；墙芯部分为石块与黄土填筑，宽0.9米。南门为单门道建筑，门道宽4米，东西两侧各有一长10.6、宽6米的门台。门台外侧原有包砖，现仅存基槽，每个门台内有6个边长1.4～1.6米的方形磉墩，磉墩为碎石块与灰褐土分层夯筑，深约0.8米。门道底部为侧立砖与石板间隔垒砌，

中部残有门框底部础石。从城门附近出土大量筒板瓦、瓦当及滴水残件分析，城门上原有木结构建筑。瓮城位于南城门外，东西54、南北38.5米，墙体规格与营造方式基本与城址南墙相同，仅外侧包砖内为砖块，非土石墙芯。瓮城门位于瓮城南墙中心，与城址南门为一条直线，同为单门道，宽4.8米。瓮城门外有宽约5米的壕沟，壕与瓮城墙间距约7米，壕外有宽约6米的土路。

西内墙、西门与瓮城。西内墙的规模与营造方式基本同于南墙，仅在墙体下未有黄土夯筑痕迹。西门位于西内墙南段，单门道，宽3米，门道两侧有长8.7、宽1.9米的门台，门台外侧由单层平砖包砌，内部两端各有一边长1.4～1.5米的方形磉墩。西瓮城位于西门外，南北79、东西25.3米，内有南北两组院落。北侧院落内有呈南北排列的房址2座，南侧院落有房址3座，另在院落西北角有井1口。在西瓮城内发现13件"尚食局"款白釉瓷器，另有大量高档白釉印花碗、盘，为推测西瓮城性质提供了依据。瓮城西门位于瓮城西墙中部，西内墙西门道中心线向北4.6米，规模、尺寸与城址西门相同。

9号建筑基址。位于太子城南门北部，处在城址南北中轴线上，正对南门，南距南门约75米。基址面阔三间，进深五间，南北29.2、东西26.2、残高0.35米。在基址范围内分布南北4列共30个边长1.6～1.8米的方形磉墩，东西两列各9个，中间两列各6个。基址四周有基槽，槽宽0.6～0.7米，槽内砌砖。在基址东、西、北分别有宽4、4、4.5米的踏道通向基址上部。通过对其建筑形制与规模的分析，可知其为太子城遗址内单体面积最大、磉墩最大、台基最高的建筑基址，应为太子城遗址中规格最高的建筑。

3号与2号建筑基址。3号基址位于城址中部偏北，处在南北中轴线上，平面呈"十"字形，中心部分面阔三间，进深三间，东、西各有朵殿，南出抱厦。具体尺寸为南北21.2、东西32.2米，其中东西侧各外凸7.8、北侧外凸1.7、南侧外凸8.5米。营造方式与9号基址相同，外侧包砖，内部夯土，在基址平面内分布28个边长约1.5米的磉墩，柱网结构自西向东磉墩数量为4、2、5、3、3、5、2、4个，基址沿中轴线东西对称。在基址的四面各有一斜坡踏道通往基址上部，其中东、西、北踏道宽2.7、南踏道宽3.8

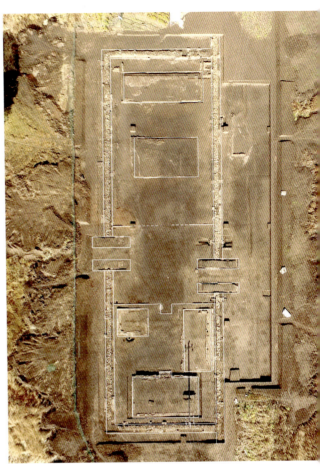

西门与瓮城
Western city-gate and barbican entrance

9号建筑基址
No. 9 building-foundation

2号与3号建筑基址
Nos. 2 and 3 building-foundations

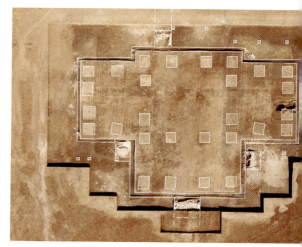

3号建筑基址
No. 3 building-foundation

米。2号基址位于3号基址西13.3米处，形制与3号基址基本相同，仅个体稍小。根据勘探情况，在2号基址西侧尚有1号建筑基址，规模、形制与2号基址相同，在1~3号基址外有围墙，将该组建筑与城内其他建筑隔开。根据规模与布局，推测由1~3号基址组成的建筑群应为太子城遗址内仅次于9号建筑的重要建筑群。

太子城遗址出土器物以各类泥质灰陶胎的筒板瓦、龙凤形脊饰、迦陵频伽脊饰等建筑构件为主，另有部分绿釉筒板瓦、脊饰等。除建筑构件外，还出土部分白釉印花或刻花碗、盘和粉青釉盒、碗及黑釉鸡腿瓶等瓷器残片及木结构建筑上的铺首、门钉、鎏金铜片等铜铁构件。建筑构件中有大量勾纹方砖、素面条砖上戳印"内""宫""官"字，白釉瓷器中已发现15件印摩羯纹的碗、盘底有"尚食局"款铭文，另出土鎏金铜质的小龙头饰件2件。从出土器物分析，太子城遗址的时代为金代中后期，约金世宗、金章宗时期。

太子城遗址的性质可以从以下几方面分析。其一，位置重要。太子城位于金中都与金皇室驻夏点金莲川之间的驿道上。其二，规模较小。辽金城址规模一般为府级周20里、州级周8~10里、县级及以下6里，太子城周3里，面积较小。其三，建筑遗迹规制特殊、等级较高。城门、城内重要基址均有方形磉墩，上原有大型木构建筑。围墙外壁有木柱包砖、内芯垒石的砌筑方式未见于同期其他城址。从钻探和发掘结果分析，城内未发现商业、民居等一般类型建筑基址，故可排除一般性县城、居民点或单纯军事卫城的可

能。另通过对城内外及附近区域调查与钻探，未发现墓葬区，推测城址应为季节性住所。其四，遗物规格高。"尚食局"款瓷器为皇室专用，"内""宫""官"字砖应为专门定烧，另见较高等级的龙、凤、迦陵频伽、绿釉凤纹脊饰等建筑构件及鎏金铜龙头等。综上所述，太子城遗址的性质应为金代皇室行宫遗址。

从目前已进行的考古工作分析，太子城遗址的发掘具有重要意义。首先，尚食局是自北朝以来多数王朝宫廷内专掌"供御膳馐品尝之事"的机构，带"尚食局"款的瓷器目前仅见于定窑白瓷，本次太子城遗址发现的15件"尚食局"款瓷器，是在定窑窑址以外考古发掘出土该类产品最多的一次，进一步佐证了太子城遗址的皇家性质。其次，太子城遗址发现了大量戳印"内""宫""官"字砖，这是金代城址的首次发现，虽具体含义尚不确定，但结合辽上京宫城称为"大内"及元明时期有"内府"字样的器物多为皇室定烧器，推测此类带字砖亦有相同性质。再次，据《金史》记载，金章宗泰和二年（1202年）、五年（1205年）分别驻夏泰和宫（后改为庆宁宫），另记龙门县"有庆宁宫，行宫也，泰和五年以提举兼龙门令"。金代的龙门县位于现河北省赤城县龙关镇一带，太子城东距现龙关镇18公里。经考古调查，太子城是龙关镇一带唯一一处金代中后期有宫廷性质的城址，故太子城有可能即《金史》中记载金章宗驻夏的泰和宫。

（供稿：黄信　任涛　魏惠平）

"内"字方砖
Square brick with the inscription "内"

"宫"字方砖
Square brick with the inscription "宫"

"官"字方砖
Square brick with the inscription "官"

迦陵频伽脊饰
Kalavinka, a ridge ornament

迦陵频伽脊饰
Kalavinka, a ridge ornament

迦陵频伽脊饰
Kalavinka, a ridge ornament

凤鸟形脊饰
Phoenix-shaped ridge ornament

龙形脊饰
Dragon-shaped ridge ornament

"尚食局"款白瓷碗内底
White porcelain bowl with the inscription "尚食局" on the inner bottom

"尚食局"款白瓷碗外底
White porcelain bowl with the inscription "尚食局" on the outer bottom

兽面纹筒瓦
Cylindrical tiles with animal-face design

鎏金铜龙头构件
Gilded bronze dragon-head-shaped structural member

The Taizicheng Site is located to the south of previous Taizicheng Village of Sitaizui Township in Chongli District, Zhangjiakou City, Hebei Province. From May to December 2017, the Hebei Provincial Institute of Cultural Relics and other institutions carried out there overall survey, drawing, exploration and excavation. The results affirmed that the site is rectangular in plan and measures 400 m from the north to the south, 350 m from the west to the east and 158° in azimuth, occupying a total area of ca. 140,000 sq m. In the opened area of 6,400 sq m the excavators clarified the southern and western city-gates, their barbican entrances and Nos. 9, 3 and 2 building-foundations. The unearthed objects are mainly structural members of buildings, porcelain and bronze or iron structural members of wooden buildings. As known from the excavation, the Taizicheng site goes back to the mid and late periods of the Jin Dynasty and functioned as a royal family's temporary dwelling place. Moreover, it may have been the Taihe Palace, where, as recorded in *Jin History*, the Jin Dynasty Emperor Zhangzong often lived here in summer to escape hot weather.

贵州遵义皇坟嘴墓地及赵家坝墓地发掘收获

ACHIEVEMENTS IN THE EXCAVATION OF THE HUANGFENZUI AND ZHAOJIABA GRAVE YARDS IN ZUNYI CITY, GUIZHOU PROVINCE

遵义，古称播州，始置于唐贞观十三年（639年）。唐乾符三年（876年），山西太原人杨端于平南诏入播，收复播州，开始对播州世袭统治。元明时期，中央政府对西南少数民族地区实行土司管理制度，播州杨氏土司位居"贵州四大土司"之首。明万历二十八年（1600年）爆发"平播之役"，播州最后一位土司杨应龙被剿灭。从杨端入播到杨应龙被灭，杨氏对播州的世袭统治达725年，共传27代30世，留下了丰富的历史遗存。

播州杨氏13世杨粲墓所在的皇坟嘴墓地，第一次考古发掘工作始于1957年，仅对杨粲墓墓室进行了清理，对其墓地格局没有基本认识；而据杨粲墓出土墓志铭文"杨粲葬于本堡"的线索，皇坟嘴被研究者推断为播州早期司治"白锦堡"所在地。2017年2月，贵州省文物考古研究所启动了对皇坟嘴墓地的第二次发掘，取得了重要收获，不仅确定了杨粲墓前的3座早年即已开口的石室残墓为杨氏土司墓，还在对白锦堡司治的寻找过程中，对与皇坟嘴墓地隔湘江河相望的赵家坝两座石室残墓进行了清理，确定两墓均为土司墓，并发现了一座疑似土司夫人权殡厝葬墓，使确定的播州杨氏土司墓地增加到5处。

皇坟嘴墓地位于遵义市红花岗区深溪镇坪桥村皇坟嘴，处在湘江河主河道的二级台地上。皇坟嘴原称"官坟嘴"，也称"官坟坝"，地理环境优越，湘江在此萦抱弯环，北来北去，构成杨粲墓三面临江、四面群山拱卫的格局，地势险要，宋代曾建白锦堡治于此，后迁治穆家川后，遂废为墓地。墓地后方为台地，在其上发现上、下两个清代营盘。墓地由4座墓葬组成，经本次发掘，确认了杨粲墓（M1）前的3座墓葬分别为杨氏18世杨嘉贞墓（M2）、23世杨炯墓（M3）、27世杨斌墓（M4）。

杨嘉贞墓位于杨粲墓左前方约100米处，是播州首座确认的元代土司墓葬。墓葬为长方形双室石室墓，夫妇合葬，男女墓室结构基本相同，均由封门、前室、墓门和后室组成。在墓室前发现拜台、墓道、排水沟、"八"字墙、隔墙、石台子等遗迹。男墓室底板石下存有腰坑，腰坑中置一方形腰坑石，并发现鎏金青龙、玄武各1件，且在腰坑内底部发现残铜锣1件。墓前隔墙处发现一通墓碑。

杨炯墓位于杨粲墓右前方约130米处。该墓为长方形双室石室墓，夫妇合葬，男女墓室结构基本相同，均由前室、墓门和后室组成，墓室由整石板构筑而成。男墓室底板石下存有石质腰坑，遗物不存。男女墓室前中轴线上各发现一合墓志，墓志出土时装于石盒之中。女墓室前室出土釉陶俑、釉陶骑马俑、铜器、棺环等40余件器物，男墓室前出土棺环、铁锁和瓦当等。

杨斌墓距杨粲墓约200米，坐东朝西。该墓为长方形双室石室墓，夫妇合葬，男女墓室结构基本相同，由墓道、墓门和墓室组成，墓室由整石板构筑而成，内壁光滑，无雕刻。由于被盗严重，仅在男墓室填土中发现铜泡钉3枚，在墓室外发现青石碑帽和一块残碑。1985年，曾在该墓南20米处出土一方墓志盖和一块残碑。2000年，在距女墓室西北角2米处的排水沟中发现买地券和放置买地券的石龟各1件。

赵家坝墓地位于遵义市红花岗区深溪镇坪桥村沙新组大林山山腰平缓地带，地处皇坟嘴墓地北侧，与皇坟嘴墓地隔湘江河相望，相距600米，当地人称"官坟"。墓地背靠大林山，面向湘江河，由3座墓葬构成。本次发掘确认，这三座墓葬分别为播州杨氏第19世杨忠彦墓（M2）、20世杨元鼎墓（M1）和某一代土司夫人墓（M3）。

杨忠彦墓由于数次被盗，破坏较严重，墓室均被打开。三墓室结构基本相同，整个墓葬由墓前四级台、封门、前室、墓门及后室构成。第二级台上的三墓室中轴线上原有三碑座、碑及碑帽，东室碑及碑座都已被破坏，发掘时西室碑座及碑帽垮塌于第三级台上，碑断裂风化严重，碑帽雕成两面坡瓦顶样式。

杨元鼎墓西距杨忠彦墓约20米，位于杨忠彦墓左前方，1957年曾进行过清理。墓葬为长方形双室石室墓，夫妇合葬，男女墓室结构基本相同，整个墓葬由墓前三级台、封门、前室、墓门和后室组成。墓葬多次被盗，随葬器物大多已不见，最重要的发现是在第一级台上发现了杨元鼎夫人墓志，另在女墓室前室发现铜香炉1件、铜瓶2件。

M3西距杨忠彦墓约40米，位于杨忠彦墓右前方。墓葬为长方形土坑木椁墓，单室，封土基本不存，整个墓葬由墓前三级台、墓道和墓室组成，墓室为土坑，中间放置棺椁，周边填满石块，墓道与墓室间由不规则石块垒砌成门的形

杨嘉贞墓全景
A full view of Yang Jiazhen's tomb

杨炯墓全景
A full view of Yang Jiong's tomb

杨斌墓全景
A full view of Yang Bin's tomb

状，墓道两侧堆满石块。该墓未发现盗洞，但在棺椁内未发现任何随葬器物，也未见人骨痕迹，仅在棺内发现大量木炭。

皇坟嘴墓地及赵家坝墓地的发掘取得了系列成果，具有重要价值。

第一，通过两处墓地的发掘及对墓主的确定，使经过考古发掘确认的杨氏土司墓葬由9座增至14座，丰富和完善了播州杨氏土司墓葬的序列。同时，这批墓葬的墓主跨越了杨氏统领播州、受封播州土司和即将覆灭的主要时期，一定程度上反映了杨氏统领播州的演变过程，对贵州乃至整个西南地区土司制度及其文化特性的研究有着重要意义。

第二，首次发现并确认了3座元代土司墓葬，为研究播州元代葬俗及丧葬制度提供了直接

且可靠的材料。

第三，皇坟嘴墓地杨嘉贞墓腰坑内出土的"四神"是目前播州杨氏墓葬中发现的最早的腰坑四神实物资料，杨炯墓中出土了形式多样且较为完整的釉陶俑，赵家坝墓地杨元鼎墓出土的"三供"仿古青铜器在播州为首次发现，以上墓葬中出土的随葬器物为研究播州土司的随葬器物组合、葬俗及社会经济发展奠定了基础。

第四，皇坟嘴墓地及赵家坝墓地是继新蒲墓地、团溪墓地后全面发掘的播州杨氏土司墓地。皇坟嘴墓地构建于杨粲开创的播州盛世时期，为确定的墓主时代最早的一处土司专属墓地，而杨粲墓又是第一座杨氏土司夫妇合葬墓，是探索播州杨氏附祖附夫而葬的丧葬制度形成和发展的关键节点。赵家坝墓地是父子同葬的第一处土司墓地，并有专门的土司夫人权殡厝葬墓，为杨氏土司墓地的研究补充了新材料。

（供稿：彭万　周必素）

杨忠彦墓全景
A full view of Yang Zhongyan's tomb

杨元鼎墓全景
A full view of Yang Yuanding's tomb

杨元鼎夫人墓志出土情况
Excavation of the epitaph of Yang Yuanding's wife

杨元鼎墓女墓室前室内青铜器出土情况
Excavation of bronzes from the antechamber of the woman's burial section in Yang-Yuanding-couple's tomb

釉陶骑马俑
Glazed pottery figurine of horseman

釉陶俑
Glazed pottery figurine

釉陶俑
Glazed pottery figurine

杨炯墓后壁石刻拓片
Rubbing of the stone carving on the rear wall of Yang Jiong's tomb

杨元鼎墓男墓室后壁龛拓片
Rubbing of the rear niche of the man's burial section in Yang-Yuanding-couple's tomb

杨炯夫人墓志盖拓片
Rubbing of the epitaph cover of Yang Jiong's wife

杨元鼎墓男墓室右壁龛拓片
Rubbing of the right niche of the man's burial section in Yang-Yuanding-couple's tomb

杨斌夫人墓碑拓片
Rubbing of the tombstone of Yang Bin's wife

The Huangfenzui Graveyard is located at Pingqiao Village of Shenxi Town in Honghuagang District, Zunyi City. In February 2017, the Guizhou Provincial Institute of Cultural Relics and Archaeology began the secondary excavation on this burial ground. They clarified three stone-chambered tombs in front of Yang Can's tomb and excavated two stone-chambered tombs plus the temporary burial of perhaps a headman's wife in the Zhaojiaba graveyard that lies opposite to the Huangfenzui Graveyard across the Xiangjiang River. These results affirm that the owners of the five stone-chambered tombs in the two burial grounds are all Yang-surnamed headmen. Thus the number of the archaeologically revealed tombs of Yang-surnamed headmen has increased from the previously known nine to the present fourteen. These achievements enriched and perfected our knowledge on the pedigree of the Bozhou Yang-surnamed headmen's tombs. It has important significance for researching the headman system and cultural features in Guizhou region and even in all Southwest China and provided direct and reliable material for investigating the burial custom and institution in the Bozhou region during the Song, Yuan and Ming periods.

江西鹰潭
龙虎山大上清宫遗址

THE GREAT SHANGQING PALACE-SITE AT LONGHU HILL IN YINGTAN CITY, JIANGXI PROVINCE

大上清宫遗址位于江西省鹰潭市龙虎山上清镇东，地处泸溪河北岸、边山西麓南向缓坡地带，距嗣汉天师府约1公里。经国家文物局批准，2014～2017年，江西省文物考古研究院联合鹰潭市博物馆对该遗址进行了系统的考古发掘，发掘面积共计约5000平方米，基本摸清了大上清宫的分布范围、宫观建筑格局和历史演变脉络，对大上清宫遗址有了较全面的认识。

从整体来看，大上清宫遵照中轴线对称的原则进行布局，主体建筑沿中轴线依山势自南向北、由低渐高依次排列为龙虎门、玉皇殿、后土殿、三清阁，东西两侧为各主殿相对应的配殿，东侧配殿有三官殿、五岳殿、天皇殿、文昌殿，各配殿由连廊及厢房相连接。

龙虎门　门址平面呈东西向长方形，面南，东西长约29、南北宽约11.85、较庭院地面高0.3米。整体保存较差，门址西侧损坏较严重，台明

有小部分缺失，护基石几乎不存，东侧护基石保存较好。地面方砖不存。门址东侧南北各有一台阶，南部台阶保存较好，砖石垒筑，北部台阶只存有一块三角形象眼石。

玉皇殿　此殿为大上清宫正殿。殿前存有月台基址，整体面南呈"凸"字形。月台平面较主殿平面略低。月台长约20、宽约9.5、高0.98米，地表无建筑残余，附近出土有石栏杆等构件。月台前存有正阶，东侧存有抄手踏跺，两处阶梯均损坏严重，垂带均不存，东侧阶梯台阶不辨，堆砌碎砖，底部存有硕窝石。玉皇殿台明阶条石仅北部存留，红砂岩质，风化严重，且东北角埋头石不存，形成缺角，地面土衬石上有一直径约0.2米的圆槽，现推测应为埋头石与土衬石之榫卯。玉皇殿东西长36.5、南北宽19.44、高1.04米。玉皇殿与后土殿之间存有宽约6.75米的连接廊道，形成"工"字形建筑平面。

三清阁基址航拍
Aero-photo of the building-foundation of the Sanqing Pavilion

后土殿　基址平面呈东西向长方形，面南，东西长约36、南北宽19.4、高1.1米。仅存台明基址，台明护基保存较好，但阶条石风化严重，东北角和东南角埋头石均不存，形成缺角，东南缺角处地面有一直径约0.25米的圆槽。后土殿与三清阁中间有宽约6.7米的中廊连接，形似"工"字。

三清阁　平面呈东西向长方形，面南。地表仅在西北边缘存有部分建筑基址，北垣存有墙体，墙下残留鹅卵石地面，存有两处神台基石及柱础7个，神台基石边角雕刻祥云纹饰。残存地砖上显见火烧炭黑色痕迹。基址残长约18.6、残墙高约1.02、墙厚0.9米。

文昌殿　位于三清阁东侧，为三清阁的配殿。平面呈南北向长方形，面阔一间，宽约3、进深7.7米，地面铺设素面方砖，其下筑有南北向排水暗道。

天皇殿　位于三清阁东侧，与文昌殿隔墙，亦为三清阁之配殿。平面呈长方形，面南，面阔三间，约10.45米，进深三间，约7.4米。基址保存较好，东、西、北三侧存有部分墙体，地面存有部分方砖，砖面有火烧炭黑色痕迹。北垣正中靠墙存有神台，为红砂岩雕刻而成。殿内表面存有柱础15个。殿前存有垂带踏跺，阶梯长4.7、宽3米，阶梯前有一条青石铺设的窄道。殿址高出庭院地面约2.1米。

五岳殿　位于后土殿东南，为后土殿东配殿。平面呈南北向长方形，面西，面阔三间，进深三间，南北长12.8、东西宽8.7、高0.66米。基址整体保存较好，殿内方砖大部分留存，但多已破碎，16个柱础俱存，东北角还存有小段墙体。靠东墙正中残留神台台基。殿前踏跺仅存数块条砖和砚窝石，阶梯前为条石与卵石相间铺设的甬道，旁近有一方形苑囿。

三官殿　位于玉皇殿东南，为玉皇殿东配殿。形制与五岳殿相似，平面呈南北向长方形，面西，南北长12.5、东西宽8.85、高0.66米。表面仅北部残留数块方砖及柱础2个。殿前踏跺仅存砚窝石。阶梯前为甬道。

御碑亭　位于玉皇殿东南，主体仅存北垣墙基，残墙高约0.73米。整体呈"回"字形，外基边长约9.6米，内部有一方形基址，边长约2.7米。南侧有一甬道，以三道条石夹两道卵石相间铺设，但条石已不存。东侧和北侧存有散水。

龙虎门基址台明
Above-ground terrace of the building-foundation of the Longhu Gate

三清阁基址神台
Spirit-worshiping terrace on the building-foundation of the Sanqing Pavilion

天皇殿基址
Building-foundation of the Tianhuang Pavilion

上述建筑位于大上清宫核心区域上清宫内，通过考古地层学分析及与文献记载的相互考证，可以推断主体殿宇基址的建筑年代为明代。

提点司　基址位于上清宫院墙东侧，面阔三间。该建筑两侧自北向南筑有地下排水暗沟，东侧存有一条宽厚石墙。基址北部为卵石铺设的庭院地面，南部为方砖铺设的室内地面，之间设有门道，存有门枕石1个，并残存小段北墙，南部室内对应门道的中部铺设大砖，两侧为小砖，室

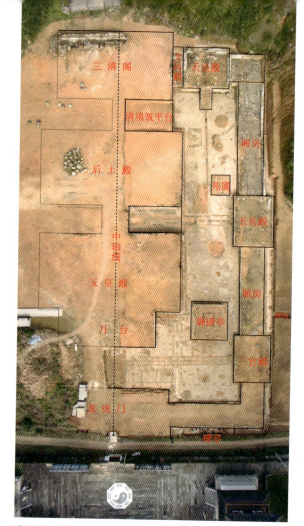

遗址主体殿宇分布情况
Distribution of the main pavilions on the site

提点司基址
Building-foundation on the site of the Law-executing Department

宋代青砖地面
Grey-brick-paved ground of the Song Period

内地面存有古镜柱础5个。该建筑直接叠压在一处明代中晚期的石制建筑基址上。在明代的建筑基址之下，另发现了一处由薄青砖铺砌的地面，废弃堆积中出土大量的宋式重唇瓦残件和宋代青白釉瓷片，表明该处砖砌地面为宋代基址。

崇元院　位于提点司东南，残存一处前殿基址，面南，基址东西长约20、南北宽约3.5米。室内仅存古镜柱础1个，地面为青石条与方砖混用铺设，但多数碎裂，外围存有卵石散水。殿北为卵石铺设的直甬道，但两道卵石中间所夹青石条已不存。其下叠压有大型卵石挡土墙，长20、高1.9米。挡土墙南部有厚约2米的明代堆积，出土大量明代前期的青花瓷片。在挡土墙北侧发现有大范围层次分布清晰的宋、元堆积，清理出两个大型元代灰坑和一片宋代"人"字形青砖地面。灰坑长1.81、宽1.35、深1.16米，青砖地面长5.45、宽1.4～1.5米，青砖规格为26×13×3.5厘米。

大上清宫遗址的出土器物主要为建筑构件

和生活用具。建筑构件质地主要为琉璃、灰陶和石质。琉璃建筑构件多为瓦当、滴水、筒瓦、板瓦及各类脊饰，釉色以黄、绿、黑三色为主；灰陶建筑构件多为雕花脊砖；石质建筑构件主要为栏杆、柱础、柱头等。生活用具主要为宋、元、明、清时期的瓷器，器形多样，纹饰丰富。其中，宋代瓷器较多，主要为青白瓷，也有少量建窑和吉州窑产品，器形主要有碗、盘、双鱼纹碟、执壶等；元代瓷器主要为卵白釉碗、盘、杯等；明代瓷器出土量大，主要为民窑青花瓷，仿龙泉碗、盘数量较多，另有少量白釉瓷器；清代瓷器多为青花碗、杯等。

大上清宫主殿基址保存较好，体现了皇家宫观建筑布局，它的发掘是中国宗教考古的一次重大突破，为道教研究进一步系统化、科学化提供了丰富的实物资料，对传承中华文明、增强民族自信具有重要价值。

（供稿：胡胜　朱丽辉　高健）

垂兽
Animal-shaped ornament
for dropping ridge

黄琉璃龙纹滴水
Yellow-glazed drip with
dragon design

绿琉璃龙纹瓦当
Green-glazed tile-end
with dragon design

绿琉璃骑凤仙人
Green-glazed phoenix-
riding immortal

黑琉璃跑兽
Black-glazed running animal

黄琉璃如意构件
Part of a yellow-
glazed "S"-shaped
ornamental object

兽面纹瓦当
Tile-end with animal-
face design

卵白釉高足杯
Egg-white-glazed
goblet

"延祐丁巳" 纪年砖
Brick with the dating inscription "延祐丁巳"

青釉洗
Celadon-glazed washer

枢府瓷片
Porcelain shard of Shu
Fu Kiln ware

The Great Shangqing Palace-site is located to the east of Shangqing Town at Longhu Hill in Yingtan City, Jiangxi Province. In 2014 to 2017, the Jiangxi Provincial Institute of Cultural Relics and Archaeology and the Yingtan Municipal Museum carried out jointly a systematic excavation on the site, which covered an area of ca. 5,000 sq m. The work clarified on the whole the distribution range, layout pattern and evolutionary sequence of the palace and brought to light numbers of building structural-members and implements for daily use. On the whole, this palace is laid out according to the principal of taking the central axis as the symmetry basis. Along the central axis, from the south to the north, there are the remains of the Longhu Gate, Yuhuang Pavilion, Houtu Pavilion and Sanqing Pavilion, while on the eastern and western sides are subsidiary pavilions corresponding to their respective main pavilions. On the eastern side, from the south to the north, there are the Sanguan, Wuyue, Tianhuang and Wenchang subsidiary pavilions, which are linked with corridors and wing-rooms. Chronologically the main pavilion foundations were built in the Ming Period. The excavation of the Great Shangqing Palace-site is a significant breakthrough in Chinese religious archaeology. It provided rich material data for the further systematization and scientization of Taoist studies.

四川彭山
江口沉银遗址

GOLD AND SILVER TREASURES SINKING-SITE AT
JIANGKOU TOWN IN PENGSHAN DISTRICT, SICHUAN
PROVINCE

江口沉银遗址位于四川省眉山市彭山区江口镇岷江河道内，北距成都市约60公里，南距眉山市约20公里。自20世纪20年代起，遗址所在的岷江河道内陆续发现有文物出水；2005年岷江河道内修建饮水工程时发现一段木鞘，内藏7枚银锭；2011年岷江河道内取沙时发现了金册、"西王赏功"等文物；2013年以来，遗址遭到严重盗掘。2016年，国家文物局批准四川省文物考古研究院与国家文物局水下文化遗产保护中心、眉山市彭山区文物保护管理所联合对江口沉银遗址进行考古发掘。因遗址位于河道内，发掘工作必须在岷江的枯水期进行，故本次发掘自2017年1月5日开始，至4月13日结束，发掘面积10100平方米，出水明清时期各类文物30000余件。

本次考古工作首先采用陆地调查与物探技术相结合的方法，通过口碑调查与高精度磁法、电阻率成像法、激发极化法等多种地球物理探测手段确定遗址范围和重点发掘区域。其次，通过围堰解决发掘平台。围堰所处岷江河段较为顺直，左岸为自然河岸，右岸建有防洪堤，河道宽420～550米，围堰采用束窄河床导流方式，选择导流防洪标准为岷江5年一遇枯期重现期洪水，11月至次年4月相应导流量为709立方米/秒，围堰设计洪水位高程为375.8～377米。围堰修筑在靠近岷江河道左岸，由上、下游横向围堰和河

道纵向围堰组成。上游横向围堰控制段长约117米，下游横向围堰控制段长约132米，河道纵向围堰控制段长约401米，围堰总长度约650米，围堰内面积约43200平方米。围堰为堆石坝结构，施工方法为砂卵石碾压填筑堰体，黏土芯墙防渗，土工膜袋装砂卵石护脚抗冲护坡。再次，通过截流排水沟与水泵排水。围堰内积水来源主要包括堰体、堰基和发掘区基坑渗水。在围堰内侧布置底宽1米的截流排水沟，在发掘区南端设置一集水井，采用水泵进行统一抽排。截流排水沟以内的区域作为考古工作区，在此区域内按照探方法进行考古发掘。

发掘区的堆积为全新统现代河冲积堆积层，主要由砂卵石夹砂组成，自北向南倾斜分布，厚3.3～5.2米。底部基岩为白垩系下统灌口组，主要由砖红色粉砂岩组成。基岩表面因河水侵蚀形成东北至西南向冲刷槽。冲刷槽上宽下窄，圜底，深0.1～0.3米。探方内的堆积中未发现遗迹现象，包含物的时代以明代中晚期为主，但也有时代或早或晚的文物混出，具有动态水域环境的埋藏特点。出水器物夹杂于砂卵石之间或分布于基岩冲刷槽之内。

本次发掘出水文物种类以金、银、铜、铁等金属材质为主，其中包括张献忠大西国的金册、铸造的"西王赏功"金币及币范、"西王赏功"

银币、"大顺通宝"铜币、铭刻大西国国号的五十两银锭和运载银两的木鞘等，明代蜀、楚、荣、吉等藩王府的金册、银册、金宝、银印和铭刻万历、天启、崇祯等年号的五十两银锭等，此外还有戒指、耳环、发簪、手镯等各类金银首饰，铁刀、铁剑、铁矛、铁镞等各类兵器，以及金碗、金锁、金纽扣、金顶针、银碗、银勺、银筷、银镜、银带扣、铜镜、铜绦钩、铜锁、铜钥匙、铁秤砣、铁篙杆等各类生活用具。出水文物时代较为明确，主体为明代中晚期；来源地域广泛，北至河南、陕西，南至两广，西到四川、云南，东到江西，范围涵盖了明代的大半个中国；等级较高，包含了诸多张献忠大西国及明代皇室文物。

本次考古发掘确认江口沉银遗址为张献忠沉银地点，遗址的形成可能与文献中记载的大西军领袖张献忠和明代参将杨展"江口之战"这一历史事件直接相关。出水的大量文物为了解有关张献忠的诸多历史传说提供了科学依据，也为研究张献忠大西军的征战历史、政权建设和经济建设等提供了丰富的实物资料，同时对认识明代中晚期的政治制度、社会经济、物质文化乃至明末清初以来的社会历史走向等均具有重要意义。

此外，本次考古发掘是目前国内规模最大的内水考古项目，为今后滩涂考古、浅水埋藏遗址的发掘提供了工作范式和经验借鉴。考古发掘的同时还开展了公众考古活动，面向社会公开招募志愿者，并且发掘全程均有志愿者参与，这在全国尚属首次。江口沉银遗址的发掘为公众参与考古提供了平台，扩大了考古对公众的影响力，让公众真正了解考古、走进考古、共享考古成果。

（供稿：刘志岩　周春水　李飞）

发掘现场
Excavation-site

发掘结束时现场
Excavation-site in the
work-finishing stage

大西国元年五十两银锭
Silver ingot worth 50 *liang* issued in the first year of Daxi Government

万历二十六年金册
Inscribed gold tablet of the 26th year of Wanli Reign

册封富顺王银册
Inscribed silver tablet of conferring the title Fushun Prince

崇祯十四年五十两银锭
Silver ingot worth 50 *liang* issued in the 14th year of Chongzhen Reign

"西王赏功"金币
"西王赏功"-inscribed gold coin

"大顺通宝"铜币
"大顺通宝"-inscribed copper coin

镶宝石金发簪
Gem-inlaid gold hair-pin

金顶银脚发簪
Gold-topped silver hair-pin

金戒指
Gold finger-ring

金纽扣
Gold button

器物出水情况
Objects being fetched
from the water

运载银锭木鞘
Wooden barrel for conveying
silver ingots

The Jiangkou Treasure Sinking-site is situated in the Minjiang River course at Jiangkou Town of Pengshan District in Meishan City, Sichuan Province, lying ca. 60 km to the south of Chengdu City and ca. 20 km to the north of Meishan City's seat. From January to April 2017, the Sichuan Provincial Institute of Cultural Relics and Archaeology and other institutions carried out excavation on the site. The work covered an area of 10,100 sq m and brought to light 30,000-odd various cultural relics of the Ming and Qing periods, mostly gold, silver, bronze and iron artifacts. Judged by the discovered large number of cultural relics left over from the Zhang Xianzhong founded Daxi Government and the Ming-Dynasty royal family, this site can be affirmed to be the place where Zhang sank their silver and other wealth to the river bottom. The formation of this site may have been directly concerned with the "river-mouth battle" between the Zhang's Daxi Army and the Ming Dynasty General Yang Zhan's troops, which is recorded in written documents. The excavation provided material data for studying the history of the Zhang-led Daxi Army, as well as for researching the political system, social economy and material culture of the mid and late Ming Period.